村城记

沙嘴故事

深圳市福田区文学艺术界联合会 编

羊城晚报出版社
·广州·

图书在版编目（CIP）数据

村城记. 沙嘴故事 / 深圳市福田区文学艺术界联合会编. -- 广州：羊城晚报出版社, 2024.12. -- ISBN 978-7-5543-1371-8

Ⅰ. K926.55

中国国家版本馆 CIP 数据核字第 20246GL877 号

村城记·沙嘴故事
CUN CHENG JI·SHAZUI GUSHI

责任编辑	潘子扬
特约编辑	李穗华
责任技编	张广生
装帧设计	深圳市宇丰文化传播有限公司
出版发行	羊城晚报出版社
	（广州市天河区黄埔大道中 309 号羊城创意产业园 3-13B　邮编：510665）
	发行部电话：（020）87133824
出 版 人	陶　勇
经　　销	广东新华发行集团股份有限公司
印　　刷	深圳市又一彩印刷有限公司
规　　格	787 毫米 ×1092 毫米　1/16　印张 12.5　字数 200 千
版　　次	2024 年 12 月第 1 版　2024 年 12 月第 1 次印刷
书　　号	ISBN 978-7-5543-1371-8
定　　价	78.00 元

版权所有　违者必究（如发现因印装质量问题而影响阅读，请与印刷厂联系调换）

主办单位： 深圳市福田区文学艺术界联合会

承办单位： 深圳市福田区作家协会

执行主编： 秦锦屏

统　　筹： 君丰　文芳

采编人员： 罗　尔　　万福友　　王艺洁　　郑丽黎
　　　　　　　张伟彬　　谢湘南　　阮雪芳　　天　河
　　　　　　　冷富春　　罗立国　　欧凤香

美术编辑： 深圳市中泓文化传播有限公司

供　　图： 深圳市沙咀实业股份有限公司
　　　　　　　中共深圳市沙嘴社区委员会

出 版 社： 羊城晚报出版社

前言
FOREWORD

  中国正在经历人类历史上规模最大、速度最快的城镇化进程，而深圳，身处改革开放前沿阵地，它的进展速度更快，城市化的脚步迈得更开、更大。短短四十年时间，从一个贫穷的边陲小渔村，蜕变为国际大都市，"深圳速度"令世界惊叹与瞩目。

  但是，飞速大步朝前走，并不意味着抛弃过去、遗忘过去。习近平总书记强调："一个城市的历史遗迹、文化古迹、人文底蕴，是城市生命的一部分。文化底蕴毁掉了，城市建得再新再好，也是缺乏生命力的。"深圳从渔村到城市的华丽转身，是多么旺盛的生命力的蓬勃体现！其间的"蝶变"，是人们追求幸福的"心电图"，也是"改革开放"的成绩单。我们作为参与其中的奋斗者、见证者，记录下每一段进程、每一个历史时刻，责无旁贷。我们应该为这座城留住记忆，让深圳传统的"根""魂"与现代社会和谐相融，得到更好的传承与发展。

  这便是我们走进深圳城中村，接地气，深入采访它的前世今生、书写村城史《村城记·沙嘴故事》的初衷。我们希望以崭新的视角，把福田区的城中村"蝶变"故事逐一整理，用照片、文字保留城市（街巷）的历史文化记忆，力求呈现出这座城、这条村、这群人所经历的独特的生命体验，完成历史交给我们的答卷。我们将通过这一张答卷，来展现"人们对幸福生活的向往"，以及在城市的治理过程中，一些可歌可泣、可感可念的乡愁故事、人文故事和改革创新发展故事，让人们记得住历史、记得住乡愁，坚定文化自信，增强家国情怀。

本期，我们瞄准的是福田区沙嘴村，通过亲历者的讲述，从经济、人文等多个角度，重新发掘"沙嘴故事"，全方位、多角度地还原沙嘴村的历史变迁。尤其反映深圳改革开放以来，沙嘴村随着深圳经济特区和福田区改革巨变而产生的蝶变，以及对未来的展望。

走进沙嘴，你很难想象，古老与现代、纯朴与繁荣、原生态与新生科技，如此和谐地共存在这块土地上。六百多年前，沙嘴村民的先祖们在沙嘴扎根安家。几百年的光阴里留有多么厚重的历史文化！如果有人说深圳是没有文化的年轻城市，沙嘴村是绝不答应的！沙嘴村的记忆，片片都带着悠久而丰富的文化。

国是千万家，家是最小国，神州大地上的每一个村城，都是中华民族精神生生不息的根脉。沙嘴村，得益于国家改革开放的好政策，站在深圳这个"巨人"的肩膀上，成为华夏文明巍巍森林中茁壮成长的一棵大树。

在现代化的城市进程中正焕发着新的生机，它是村，亦是城，延续着村城的历史文脉，传递着勤劳勇敢的华夏精神，引领着一代又一代的人为家国不懈奋斗。我们唯有像对待"老人"一样尊重和善待它，善待它的老建筑、老物件、老文化……保留这些历史文化记忆，才能进一步增强民族自信，坚定家国情怀，让这座城市走得更稳健、更有内涵。

珍视这座城，从保护深圳的每一个村城开始。这些翔实的地方史料，为改革开放提供真实的先进教材，也为其他地方的发展贡献优秀范本，为海外乡亲了解故里、留住乡愁带来鲜活记忆。本书在采写过程中，得到深圳市沙咀实业股份有限公司、中共深圳市沙嘴社区委员会的大力支持，随着这项采写工作的深入开展，每一个参与者似乎重温了一遍小渔村的发展史，无不生出浓浓的敬意。

透过《村城记·沙嘴故事》可以发现，深圳的发展史，是一部本地居民与来深建设者携手拼搏的光辉奋斗史，更是新中国日益强大的变化缩影。相信此书的面世，不仅可以留住历史，延续文化根脉，还会让更多的读者受到精神洗礼。本书中，每一张照片都见证了往日的历史，每一行文字都记载了曾经的岁月，每一个老物件都能勾起人们深情的回忆，当然，也着墨描绘了未来的美好蓝图。

我们相信，《村城记·沙嘴故事》将成为真实的历史档案，成为深圳本土文化传承发展的重要样本，供人们留存翻阅。有了这些一手的历史与文化记载，可一斑窥豹，可以有底气地说：深圳，就是高质量发展高地、法治城市示范、城市文明典范、民生幸福标杆、可持续发展先锋先行示范区，就是中国奇迹中最亮的那颗星！

◎ 沙嘴村新景

◎ 沙嘴村旧貌

① 沙嘴海边码头
② 沙嘴欧氏始祖观成公原墓地
③ 欧氏宗祠原址
④ 围门
⑤ 水井
⑥ 围斗角楼原址
⑦ 洪圣庙原址
⑧ 一房昆睦堂炮楼
⑨ 二房义兴堂炮楼
⑩ 三房坚兴堂炮楼（围斗角楼）

⑪ 四房世德堂炮楼　　⑯ 高速公路隧道口
⑫ 围村内片区　　　　⑰ 竹村片区旧址
⑬ 东头村片区
⑭ 西头村片区　　　　（本图由沙嘴实业股份有限公司提供，图片摄于1999年10月12日）
⑮ 晒谷场　　　　　　［本图详见《沙嘴欧氏族谱》（主编欧焕章，2007年6月30日加注）］

歐

目录
CONTENTS

沙嘴·溯源

005 ◎ 积厚流光，欧氏千秋业　／罗尔
006 　　追根溯源
013 　　欧氏人杰
018 　　欧氏族谱
022 　　走进新时代

沙嘴·民俗

030 ◎ 深圳河边远去的烟火　／万福友
031 　　传统的渔农业生产
039 　　独特的婚礼习俗
044 　　"添丁"习俗
047 　　重阳祭祖
050 　　完田节
051 　　百鸟归巢

沙嘴·开拓

- 058 ◎ 时代缩影，风气之先 /王艺洁
- 059   "明星村"的前世今生
- 063   兴办实业和生态改造
- 067   腾笼换鸟与产业置换
- 069   打造宜居家园

- 076 ◎ 志当存高远，敢为天下先 /万福友
- 085 ◎ 修谱撰文，架起宗亲桥梁 /万福友
- 091 ◎ 甘为时代的一粒沙 /张伟彬
- 097   与梦想前行
- 101 ◎ 老英雄欧伙昌 /万福友

沙嘴·花样年华

- 106 ◎ 万里鹏程展宏图 /郑丽黎
- 108   走进"明星村"
- 110   社区党群的领头人
- 113   "上面千条线，下面一根针"的忙碌社区
- 114   "小巷总理"的蓝图
- 118   给社区居民的生活加点"料"
- 120   网格员的辛勤守护
- 124   老幼共托的温馨家园
- 126   螺蛳壳里做道场
- 130   一切福田，不离方寸

134	岁月的篮球场	/谢湘南
135	城中村	/冷富春
136	盛年与记忆	/阮雪芳
139	丰碑	/天河
140	畅想	/罗立国
142	新房子就要将它们淹没	/谢湘南
143	金色的水脉穿过大地	/阮雪芳
144	一半海一半城	/天河
147	舞者	/冷富春
149	绽放	/罗立国
150	浪潮	/谢湘南
153	少年，少年	/阮雪芳
154	沙嘴之眼	/天河
157	家园	/冷富春
158	投入	/罗立国
159	碉楼在望	/谢湘南
160	城市一隅	/阮雪芳
163	崛起	/天河
164	光源	/冷富春
165	虔诚	/罗立国

沙嘴·腾飞

- **168** ◎ **打造绿色生态的现代化社区** /欧凤香
- **169**　改变现状　勇于变革
- **175**　关心民生　积聚实力
- **179**　规划蓝图　打造新社区

- **182** ◎ 后记

◎ 沙嘴村

沙嘴 · 溯源

CHAPTER ONE

◎ 积厚流光，欧氏千秋业

◎ 手绘沙嘴旧时地图

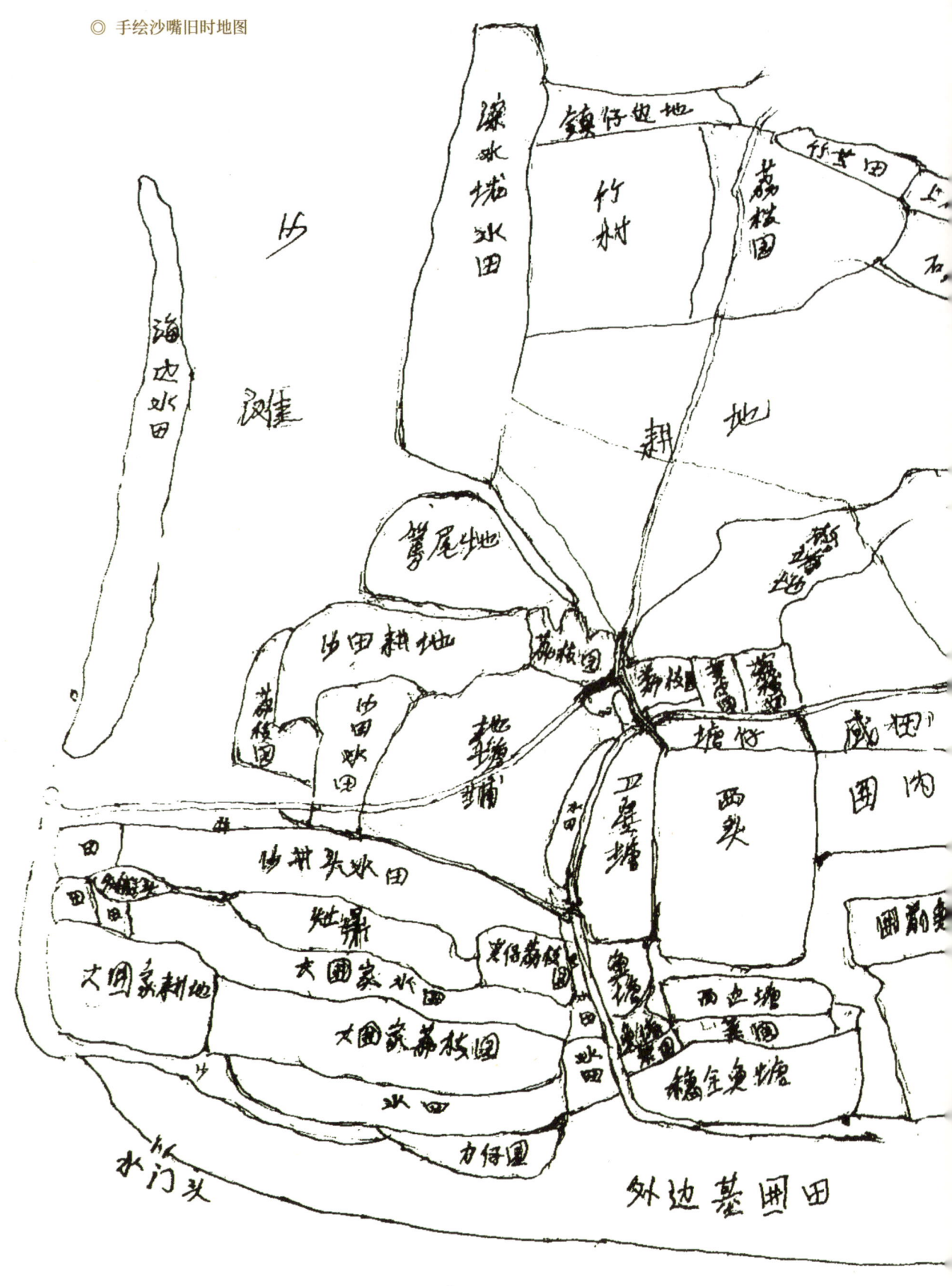

沙嘴·溯源

积厚流光，
欧氏千秋业

● 罗尔

　　深圳河自梧桐山蜿蜒而下，由东北向西南流入深圳湾。河水挟带泥沙，与海浪千万年碰撞，在入海口形成带状沙洲，地理名词叫沙嘴。沙嘴村以地貌为名，在明朝初年即初具规模，经过六百多年的演变，已成为深圳著名的城中村之一。

　　沙嘴村位于福田区南部，由东头、西头、竹村三个自然村构成，总面积0.23平方公里。沙嘴村不大，却因为面朝大海、背靠青山，进可以下海捕鱼，退可以上山开荒，还可以渡海去对岸的香港谋生，一直是深圳最有活力、最为富庶的村落之一。

◎ 沙嘴牌坊

追根溯源

　　沙嘴村的原住民全都姓欧。

　　欧姓源于姒姓，最远可追溯至黄帝的玄孙、夏朝的开创者夏禹。

　　史书《世本·居篇》记载："夏禹都阳城，避商均也，又都平阳，或在安邑，或在晋阳。"舜帝禅位于夏禹，夏禹让位给舜的儿子商均，自己避居阳城。因商均只爱唱歌跳舞，天下诸侯都拥戴夏禹，齐去阳城朝拜，夏禹只好即位。

先秦时期的"平阳",成为欧姓族谱中的关键词。自古以来,中国许多地方都叫平阳。春秋战国时期,有五个平阳城,分别在山东泰县西北、山东邹县西南、河南滑县南、河南临漳县西、陕西岐山县西南;还出现过多个平阳县,分别位于河南信阳市南、河南汝南县、湖北均县北、湖北孝感北,浙江温州有一个始建于西晋太康四年(283年)的平阳县,至今仍叫平阳县。但与夏禹有关的平阳,应在如今的山西临汾,许多欧姓后人都把山西当老家,以"平阳"为郡望堂号。

夏禹即位的第十年,开始东巡,巡至会稽驾崩,陵寝位于今绍兴市越城区禹陵乡禹陵村,吴越一带也因此成为欧姓溯源绕不过去的地方。

《唐书·宰相世系表》记载:"夏少康庶子封于会稽,至越王无疆,为楚所灭,无疆子蹄,更封于乌程欧余山之阳,为欧阳亭侯,遂以为氏。"南宋罗泌于乾道年间所著杂史《路史》亦有记载:"越王无疆次子,封乌程欧余山之阳,后有欧氏,欧阳氏。"据考证,越王无疆,是以卧薪尝胆而名垂青史的越王勾践的七世孙,今浙江湖州东郊的升山即为欧余山。

大部分的欧姓,包括沙嘴欧姓氏,不认越王勾践,而以与勾践同时代的铸剑师欧冶子为始祖。

欧冶子为中国铸剑人的鼻祖,他掌握的合金冶炼技术为当时的高科技技术,领先世界一千多年。传说,欧冶子是越王勾践的御用铸剑师,用三年时间为勾践铸造五把名剑:湛卢、纯钧、胜邪、鱼肠、巨阙。

1965年,湖北荆州出土一把越王勾践剑,即为欧冶子铸造。据质子射线荧光分析,勾践剑主要以锡青铜铸成,含有少量的铝和微量的镍,灰黑色的菱形花纹及黑色的剑柄、剑格都含有硫,按当时的制作工艺,其精良程度不可思议,被誉为"天下第一剑"。

欧冶子铸造的最著名的剑叫"龙渊",至唐代因避讳唐高祖李渊,改叫"龙泉"。王勃《滕王阁序》中的名句*物华天宝,龙光射斗牛之墟*,其"龙光"所说的就是龙泉宝剑闪烁的寒光。龙泉宝剑向为英雄所爱,历代武侠小说都称颂不已。因为欧冶子铸剑有功,后人建庙纪念。明朝官修的地理总志《寰宇通志》,记了一笔,*"欧冶子庙,在龙泉县南五里剑池湖前"*。近年,龙泉市政府深挖宝剑文化,打造"中国宝剑城",成了国家4A级景区。

春秋战国时期,欧氏族人主要活动于浙江一带,至两汉两晋,欧姓开始北上江苏,西进江西,南入福建。唐末到两宋,天下动荡,百姓只想找一块净土,大批欧姓移居湖南、福建、广东、广西,还有一部分渡海去到台湾。

岁月流逝，持续播迁，衍生出欧、区、欧阳等姓。

现在通行的说法是，欧、区、欧阳三姓同源，但谁先谁后，已无法考证。

北宋时期，欧阳氏家族出了个欧阳修，是名列唐宋八大家的大文豪。欧阳修主持修撰了欧阳族谱，还亲撰《欧阳氏谱图序》，为欧阳氏的溯源定下了基调："欧阳氏之先本出于夏禹之苗裔。自帝少康封其庶子于会稽，使守禹祀，传二十余世至允常。允常之子曰勾践，是为越王。越王勾践卒，子王鼫与立。自鼫与传五世，至王无疆，为楚威王所灭。其诸族子分散争立，滨于江南海上，皆受封于楚。有封于欧阳亭者，为欧阳亭侯，欧阳亭在今湖州乌程欧余山之阳。其后子孙遂以为氏。汉高祖灭秦，得无疆之七世孙摇，复对为越王，使奉越后。"与《路史》及《唐书·宰相世系表》所载欧氏渊源相同。他们想当然地认为，欧姓是由欧阳简化而来，甚至一部分阳姓也出自欧阳。

有人追溯区氏源头，追到了黄帝时代，根据是《史记·封禅书》，"黄帝得宝鼎宛朐，问于鬼臾区""鬼臾区号大鸿，死葬雍，故鸿冢是也"，《史记·孝武本纪》也有类似记载。鬼臾区是当时最有名的医家，曾协助黄帝发明五行经脉说，他的后人应该也姓区，但因为缺少其他证据链，持此说的人不多。和大部分欧氏一样，区氏也以欧冶子为始祖。只是，他们把欧冶子说成区冶子，还以《韩非子·显学篇》（夫视锻锡而察青黄，区冶不能以必剑）、《淮南子·览冥训》（区冶生而淳钩之剑成）等古籍证明，区冶从来就叫区冶。还列举区宝、区博、区祉、区景、区信、区册、区寄等汉唐人物，以证明区姓大有来头。

也有一个说法，说区姓到汉朝才出现。这是区姓先祖流传下来的一个故事：楚汉战争时期，有一个欧姓青年，新婚不足一月，即被征加入汉军，战死沙场。刘邦定国之后，对于牺牲的战士给予一定抚恤金。但此欧姓战士很特别，他参军前欠下了巨额债务，他所得的抚恤金，远不足以还债。因为他的妻子和他战死后妻子生下的儿子欧安饭都吃不饱，根本没有偿还能力，债主便放弃了追讨债务。欧安长大后，说父亲欠的债，他不能赖，否则，父亲十八辈子转世，都只能给债主做牛做马。为了还债，欧安努力拼搏，用二十年时间，连本带利还清了父亲欠下的债。欧安因为诚信，深受各方尊敬，还完债不到十年便成富甲一方的大富豪。他热心公益、乐善好施，成了人人夸赞的道德模范，获得汉景帝接见。景帝听闻欧安的故事，感慨不已，说："卿才德兼备，何欠之有，应去欠为区。"皇帝开金口，是莫大的荣耀，欧安自然欢喜，就去欧之欠姓了区。

欧区相通，唐朝还有另一个说法。说是武则天当朝之时，一个欧姓官员被祸入狱，同姓族人为避免迫害和牵连，遂去掉欧字的欠，改欧为区。《沙嘴欧氏族谱》则记载了一则欧之欠如何改回来的故事：元朝末年，顺德县陈村区吉、区忠等堂兄弟，随堂叔区禹民，带领一批同村立寨保乡的勇士，协助明征南将军廖永忠，救出被土寇围困的明军副将朱亮祖。明太祖朱元璋即位后，于明洪武五年（1372年）和十一年（1378年）两次颁发敕命，先后授予区吉百夫长和校尉怀远卫，管军百户，子孙世袭。在举行晋升仪式时，朱元璋误将"区"读成了"qū"，宰相刘伯温就提醒皇上，"区"应读"ōu"，顺便说起了汉景帝当年如何把欧安的欧去欠为区的故事。朱元璋一听，说还是改回欧好，以免还有人读错，就亲提朱笔，在区吉的"区"字边加上红色的"欠"字。从此，顺德陈村区姓一族，奉旨改"区"姓为"欧"姓，俗称"红欠欧"，遂有"御笔题芳"之谓。

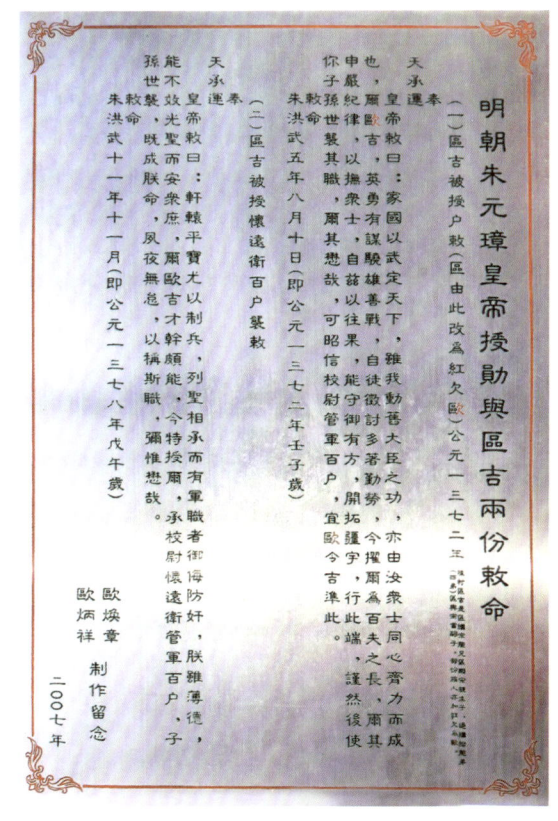

◎ 红欠欧由来

沙嘴欧氏源自何处，可以从三首欧氏祖立传诗找到线索。

沙嘴村祖立传诗

金陵避乱始南园，犹有浈昌八代传。

自从棉圃移交广，世起梁唐历宋元。

一子登洲二西滘，三子石壁四陈村。

支派莫分区欠别，文溪桥上总根源。

宗祠正门门联

派流沙嘴
系出平阳

宗祠内门门联

平阳传旧德
棉圃换新猷

宗祠内柱联

别谷山以卜徙俾昌俾炽大振棉圃家声
自陈村而宦游丕显丕承长衍平阳世泽

登洲村祖立传诗

金陵避乱始南辕，犹有浈昌八代传。

家从棉圃移交广，世起梁唐历宋元。

一在登洲三石壁，二居西滘四陈村。

支派莫将加欠别，文溪桥上总根源。

石壁村祖立传诗

金陵避乱始南园，犹有浈昌八代传。

一在登洲三石壁，二居西滘四陈村。

家从棉圃移交广，世起梁唐历宋元。

支派莫将加欠别，文溪桥上总根源。

祖立传诗第一句"金陵避乱始南园"，七个字道尽了江南百姓的离乱之苦。

唐乾符二年（875年），在科举考试中屡战屡败的黄巢，响应私盐贩子王仙芝号召，聚众起义，拉开了天下大乱的序幕。扬州、金陵并称东南重镇，素以富庶著称，也在战火硝烟中日渐式微。吴王杨行密只想重振吴国雄风，过一把皇帝瘾，连年征战，把大好江山折腾得哀鸿遍野，民不聊生，有父亲把孩子、丈夫把妻子卖到屠宰场，像猪羊一般杀掉卖肉。

"君子不立于危墙之下"，有见识的人，自然要远离是非之地。都说北方更乱，人们本能地往南方走。在逃难的人群中，有个青年叫区观昱，走到岭南韶州浈昌（今南雄）一个叫棉圃的地方，看这儿山清水秀，就停下了漂泊脚步，筑屋而居。没想到，韶州也不安宁，先是清海、静海两镇节度使刘隐南征北战，横扫各路英雄，被后梁朝廷加封为南海王；刘隐病逝后，其弟刘龑代替刘隐成为南海王，继续战斗，于后梁贞明三年（917年），即皇帝位，建立大越国，后改国号为汉，史称南汉。而韶州，常常成为争战的焦点，这中间的每一步，都隐含刀光剑影、血雨腥风，区观昱不得不常常避兵于九曲岭。

以上就是"金陵避乱始南园"的背景简要。诗句中的"南园"二字，让后人不免困惑。"南园"应为地名，但族谱中并没有南园的记载，因此有人推测，应是"南辕"或"南迁"之误。

"犹有浈昌八代传",这一句就好理解了。虽然世道艰难,区观昱还是在浈昌棉围扎下了根,且繁衍了八代。只是,不知道区观昱当年逃难时未带族谱,还是族谱在战乱中损毁,他以上的先祖已不可查考,区(欧)姓就以区观昱为始祖,尊称观昱公。

区氏至第九代,出了个区端,字克明,是个饱读诗书的能人。

南宋建炎三年(1129年)冬,金兵南下,一路攻两浙,攻破临安(杭州),追杀宋高宗赵构,一直把他逼到了海上。金兵势如破竹,一路直取江西,硝烟飘到了紧邻江西的韶州。端公眼看着众乡邻都往更南边的广州跑,也带着母亲、妻子和儿子跟着跑。跑到码头上,他才发现逃难的人太多,已经没有船了。不能坐以待毙,没有船就自己造船。端公率众砍来竹子,扎成竹筏,顺河往下游漂。漂到连州水口湾,靠岸停泊。夜半时分,狂风暴雨,河水猛涨,匆忙间扎起来的竹筏,互相冲撞散了架,不少人被河水冲走。端公机警,保护家人及时脱险,撤回到岸上。但母亲莫氏和妻子苏氏因风寒染病,漂泊路上不方便求医问药,先后去世。

最终,端公带领家人,栖身于广州城西的烧鹅巷。

南宋绍兴十二年(1142年),端公五十四岁,考取进士,先后担任从侍郎金书、清海节度判官、转运判官等职。年齿渐老,端公无意恋栈,辞官还乡,在广州文溪桥开馆授业,号文溪,后世尊称为文溪公,为广州区氏始祖。

文溪公生四子。长子志刚,南宋绍兴十七年(1147年)举人,顺德登洲区氏房祖;次子志柔,潮州府通判,顺德西滘区氏房祖;三子志和,南宋绍兴十九年(1149年)以乡举游太学,番禺石壁区氏房祖;四子志平,南宋绍兴二十四年(1154年)进士,顺德陈村区氏房祖。

以上即是"家从棉围移交广"至"文溪桥上总根源"的具体过程。

很明显,三首祖立传诗是同一首,只是在流传过程中,族谱修撰者作了细微调整。1980年,沙嘴欧氏寻根问祖,正是根据祖立传诗确认,祖上是从顺德陈村迁到沙嘴的,沙嘴始祖欧观成,出自顺德陈村房。

如前所述,在岁月的长河中,区中有欧,欧中有区,不分你我。

◎ 沙嘴村旧貌一角

欧氏人杰

　　自古以来，食盐一直是事关国计民生的重要战略物资。深圳是重要的产盐区，考古发现深圳自新石器时代即开始制盐，至今还有许多地名带盐字，如盐田村、盐寮下村、盐灶村、盐排村等。汉武帝时，全国设二十八个盐官（级别与郡守相当，年俸两千石），广东占两个：一是粤西苍梧郡的高要盐官，又称西盐官，简称西官；一是粤东南海郡的番禺盐官，驻现今的深圳南头，又称东盐官，简称东官。三国时期，吴末帝孙皓在东盐场设置司盐都尉，级别高于太守，并在南头修建司盐都尉垒，这是深圳有史以来的第一座城。至明代，深圳更掀起了制盐高潮，17%的住户是灶户，5%的男丁是盐丁，朝廷对灶户的盐丁实行军事化管理，不得随意改行，一旦成为盐丁，子子孙孙都是盐丁，并以各种优惠政策安抚，犯寻常死罪也不轻易执行，以杖刑和增加煎盐任务量代替。

顺德陈村的欧观成也是个盐丁。元至正年间（1355年前后），当朱元璋与各路英雄大战元军之时，欧观成由水路经淇澳岛来到沙嘴，他左看右看，看中了离岸几十米的一个小丘，此处叫洲鼎，只有一两百平方米，是个晒盐的好地方，便于此居住下来。

1368年，朱元璋扫平元军，降服各路英雄，建立大明王朝。

与此同时，盐丁欧观成以晒盐起家，娶了周氏、郑氏两房妻子，生了宇秀、伯秀、石坚、石安四个儿子，面朝大海，建起了沙嘴第一座大围屋。

作为沙嘴欧氏始祖，欧观成一直备受尊崇，他去世后葬在沙嘴村地塘埔，即今广深高速公路沙嘴村隧道西出口西南十多米处，几百年来，一直受到子孙后代祭祀。2003年12月23日，根据《深圳经济特区殡葬管理条例》相关规定，欧氏族人将始祖以及周氏、郑氏夫人神主位请往梅林变电所后山之欧氏先人墓地，重修祖坟。2013年，又将散葬各处的宇秀、伯秀、石坚、石安四个祖先的神主位一并迁往梅林，建起了可供五百人同时祭拜的大拜堂。

让沙嘴欧氏十分遗憾的是，他们的族谱资料湮没在历史的尘埃中，始祖观成公及四子的生卒年月已无法查考，明清两代五六百年，沙嘴村出了什么非常人物，发生了什么非常事件，也没能留下任何印记。

◎ 观成祖地塘埔旧墓

只有明万历年间发生的一件事儿，口口相传，传到今天。

随着时间的推移，由观成公繁衍而出的欧氏后人日渐增多，而海水在慢慢变淡，晒出来的盐越来越少，已不足以维持生计，欧氏后人开始上山开荒、下海捕鱼。

仲夏的某一天，沙嘴的二十多条渔船驶出深圳湾，开赴珠江口外伶仃洋去打鱼。那时候还没有台风预报，渔民出海只凭经验二看一听：看天上有没有出现龙爪云，看岸边泡沫有没有变成黑色，听船板下台有没有发出"咚咚"的声音。那一天，他们没看出和听出异常，早上出发时风平浪静，近午时分，突然来了台风，一时间，狂风怒号，巨浪滔天。太阳隐入乌云，似不忍看见即将发生的人间惨剧。天昏地暗不分东南西北，众人大惊失色，他们很清楚，无论经验多么丰富的渔民，今天也难逃劫难，只能求洪圣爷爷开恩，就齐刷刷跪在船头，仰头呼求："洪圣爷救命！洪圣爷救命！"

没有谁见过洪圣爷，只知道他是南海神，神通广大，法力无边，连皇上都十分敬重。唐玄宗时，海上贸易活跃，为大唐的繁荣打开了便利之门，为感恩南海神保佑丝绸之路通畅作出的贡献，玄宗特封南海神为广利洪圣王，并允准民众建庙祭祀。广州黄埔欧氏族人的村子边就有一座洪圣庙，沙嘴欧氏族人听说过洪圣爷的神通，危难之时，他们本能地喊出了"洪圣爷救命"。

◎ 洪圣庙旧貌

◎ 洪圣庙新景

◎ 洪圣诞文化活动·击鼓

◎ 洪圣诞庙会·分猪肉

命悬一线之际，奇迹发生了。乌云翻滚的天空突然射出一道金光，笼罩着一条不慌不忙的小船。四周巨浪排山倒海，金光罩着的小船所到之处，却风平浪静。众人知道洪圣爷显灵了，驾船跟着小船走，不一刻就从赤湾平安上岸。

上得岸来，却不见了引领他们脱险的小船，只在沙滩上发现一块一尺宽两尺长的精致红色石头，"红"与"洪"谐音，红色石头就是洪圣爷的化身，众人恭恭敬敬把石头请回沙嘴，商量请风水先生来寻地建洪圣庙，把石头供奉起来。

石头来到沙嘴村的那一天，半夜里，突然轰隆隆一个炸雷，落在村西的竹林里，燃起冲天大火。半个时辰之后，天降瓢泼大雨，浇灭大火。第二天早上，村民惊异地发现，昨夜的大火，正好在竹林里烧出一方空地。无需再请风水先生，洪圣爷为自己找到了最好的风水宝地，洪圣庙就建在这里了。

洪圣庙建成之后，沙嘴渔民每次出海，必先祭拜洪圣爷，祈求平安。出海归来，也先把最好的收获献给洪圣爷。

每月初一、十五，都有固定的祭祀活动。农历二月十三，洪圣爷生日那一天，更要敲锣打鼓庆祝，全体村民都要给洪圣爷磕头。

一代又一代村民，对洪圣爷十分崇敬，对洪圣庙用心保护，即使在破除迷信的非常年代，洪圣庙也没有遭到毁灭性破坏，经历四百多年风雨，洪圣庙至今还在，依然香火旺盛。

除了上述类似神话的洪圣爷传说，2018年修撰的沙嘴欧氏族谱中几乎未记载明清故事。

翻阅深圳历史，可知明清时期，深圳发生过以下大事。

明正德十二年（1517年），葡萄牙人入侵我国东南海面，在香港屯门营建据点。正德十六年（1521年），广东按察使汪鋐率军驻守南头，与葡萄牙人于赤湾海域激战。初战失利，汪鋐设法获取葡人火炮样式，依样制造，由此诞生了中国第一门火炮，并在接下来的战斗中，击毁葡人蜈蚣战船十余艘，把葡人赶出了屯门。

明朝末年，深圳不甘心大明江山落入清政府之手，奋起反抗，以西乡乡绅陈文豹为首的各路义军，抵抗清军达十年。

清顺治十二年（1655年），为清剿海外反清势力，清廷发布禁海令，片帆不得入海。康熙元年（1662年），更进一步发布迁海令，从山东到广东，所有沿海居民，一律内迁五十里，并烧毁居民房屋和船只，胆敢不从者，格杀勿论。禁海令和迁海令，使久经战乱的中国雪上加霜，更让以渔业为主的沙嘴村遭遇重创，村民丧亡过半。

道光十九年（1839年），9月4日，英国商务总监义律率五艘英国军舰，在赤湾附近的九龙洋海面，突然向我国巡逻船开炮。南澳镇总兵赖恩爵（深圳大鹏人）亲自点燃火炮还击，大败英军。此后，清军与英军在赤湾附近大战九场，清军大获全胜，其中包括水师提督关天培指挥的穿鼻之战。

光绪二十五年（1899年）春，英国殖民者强行拓展香港殖民地域，遭到"新界"锦田、元朗、大埔、八乡、屏山等村民众武装反抗，遭英军镇压。深圳河两岸同胞自发增援，持刀棒奔赴香港，与英军血战。

光绪二十六年（1900年），孙中山发动三洲田起义，打响向清廷宣战的第一枪。此后的一系列起义，最终敲响了大清王朝的丧钟。

这些发生在深圳的影响中国历史进程的大事，必然影响深圳的千家万户。然而，无论是2018年版的沙嘴欧氏族谱，还是沙嘴村人的记忆，这些大事居然没能留下任何痕迹。

在族谱中被郑重提及的清代人物事迹，只有一个生卒年月不详的欧公。欧公在清末水军中任职，应该有一定职权或威望。有一天，沙嘴村与外村发生争执，外村欲组织人马攻击沙嘴，欧公得到求援信息后，开来一艘军舰，停泊在沙嘴村的码头上，随时准备出手解难。外村人慑于军舰的威力，不敢轻举妄动，危机就此化解。

欧公所做的，似乎是简单的举手之劳，外村人若真的进攻沙嘴，欧公敢不敢动用国家军队袒护族人，还很难说，却被口口相传，惦念了一百多年，足见沙嘴村人乐意铭记欧氏非常人物，只是时代原因，才导致家族集体"失忆"。

欧氏族谱

因为清朝初兴时对文人思想的管控，在清朝一代，沙嘴欧氏可能根本就没有修族谱，他们的记忆，在清代就断裂了。

提起清代管控思想的特殊时期，至今让人胆寒。最初，统治者从文人的诗文中找问题，江苏昆山诗人徐骏，因为"清风不识字，何故乱翻书"的诗句，涉嫌影射清人没文化，就被雍正杀了头。后来，族谱中也发现了问题，有些家族乱认祖宗，致使普天之下到处都是莫名其妙的皇亲国戚，而且，族谱中还隐藏对大清不敬的敏感词，仅江西境内，就查出1016种问题族谱。乾隆大怒，杀了许多人，还于乾隆二十九年（1764年）发布禁令，禁止修谱。

嘉庆、道光年间，乾隆的禁令慢慢失效，各大家族又开始修谱，但有些家族，前车之鉴的阴影久久不散，不敢再提修谱的事儿，比如著名的孔氏家族，直到民国十九年（1930年），才重开谱局。

传说，沙嘴村欧氏族谱在清末民初也修过，可惜，在"文化大革命"中全被"破四旧"破掉了，一本也没有留下来。

1949年以后，宗族主义被历史潮流淘汰，族谱作为封建余毒，成为被肃清的对象，停止修撰。至1985年，随着港澳台与海外华人寻根热的兴起，政策松动，宗族的力量再次受到重视，重修族谱，成为与世界接轨的独特方式。

1996年，在有识之士的鼓动下，沙嘴村成立重修族谱筹备组。他们循着沙嘴始祖观成公留下的依稀线索，先到顺德陈村，找到自己的出处，然后，再到广州文溪桥、韶关的浈昌棉圃、浙江和山西的平阳，一直溯源至福州，老祖宗欧冶子当年铸剑的欧冶池。

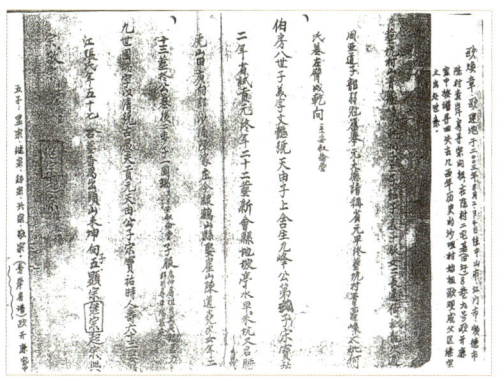

◎ 陈村麦岸房欧开廉家藏族谱

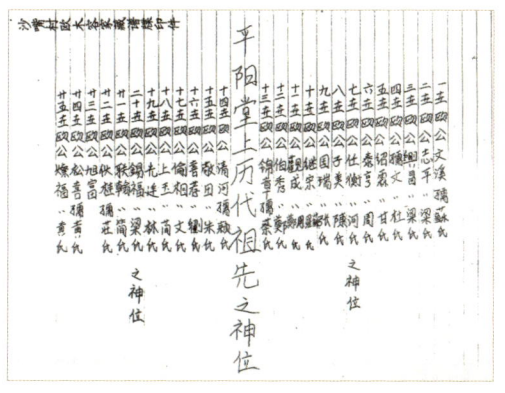

◎ 沙嘴欧木容家藏族谱

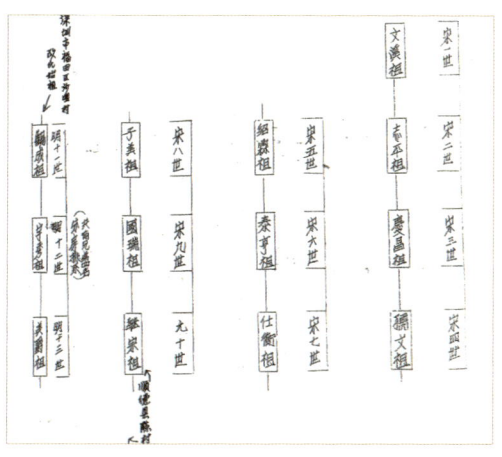

◎ 沙嘴欧运财家藏族谱

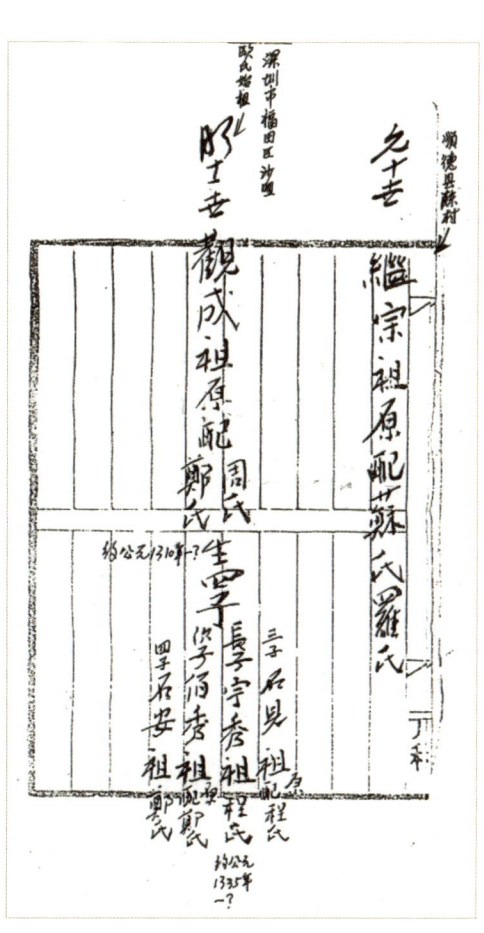

◎ 沙嘴欧少任家藏族谱

在梳理欧氏源流的同时，他们也努力发掘沙嘴非常人物、非常故事，即将被湮没的民国往事，渐渐浮出水面。

往下内容摘自2018年版《沙嘴欧氏族谱》。

欧铿堂

生于1888年，卒于1960年。父亲名讳和母亲姓氏失考。欧氏第二十二代孙，系出沙嘴欧氏第四房欧石安门下。妻李氏，生一子一女，子名正举，女名金莲。

民国时期，欧铿堂曾任宝安县政府监察委员。1939年，得知外村有人计划武装侵犯沙嘴村，便与堂兄弟欧康容一起，从县政府调来数十名武装人员保护族人，使族人免于一场劫难。

欧康容

生于清朝末年，卒年不详。父亲欧富公，母亲文氏。欧氏第二十二代孙，系出沙嘴欧氏第四房欧石安门下。康容生有四子，长子泽民，次子泽芳，三子泽昌，四子泽献。后人多生活在香港。

民国时期，欧康容曾任宝安县第一区区长。1939年，得知外村有人计划武装侵犯沙嘴村，便与堂兄弟欧铿堂一起，从县政府调来数十名武装人员保护族人，使族人免于一场劫难。

欧金容

生于清朝末年，卒年不详。父亲欧牛妹，母亲姓氏失考。欧氏第二十四代孙，系出沙嘴欧氏第二房欧伯秀门下。妻简氏，生有一子，名发明。

1939年，时值抗日战争时期，社会动乱，欧金容任沙嘴村副村长。曾有本村七名青少年与邻村一名青少年被日本兵抓去严刑拷打。正当日本兵准备将他们杀害时，欧金容领人从村民中收集鸡鸭鱼虾作为礼物，送给日本兵，冒死救回八名青少年。

毕竟年代久远，当事人早已不在，无论多么惊心动魄的事儿，经过几代人的转述，也只能说个大概。即便是当事人，久经岁月磨砺，也未必能还原当年的悲欢交集。笔者在沙嘴村采访过91岁的边纵老战士欧伙昌，他3岁没爸，5岁没妈，13岁参加东纵南征北战，17岁跨过鸭绿江，直打到板门店签字停战的那一刻。本以为，从时代漩涡中翻滚过来的老者，一定能讲几个荡气回肠的故事，结果，在将近两个小时的访谈中，老爷子并没有惊人之语，他一辈子的起承转合，全都掩埋在满脸的皱纹中。他说得最多的话是"忘记了"，连自己是哪一年退休的都忘了，唯一没忘的是，他的耳朵在朝鲜被大炮震坏了，做了好几次手术都没好，现在还痛。

在沙嘴欧氏族谱上，还有一张1948年的老照片，照片上是14个阳光灿烂的青少年，醒目的道具是篮球。这是沙嘴村有史以来的第一支篮球队。1948年是国共决战的关键时刻，乾坤挪移，人心惶惶，南海之滨的沙嘴村却并没有停下文明的进程，此处必有值得历史铭记的精彩。但关于沙嘴村第一支篮球队，除了这一张老照片，还有过怎样的故事，也没有人记得了。

走进新时代

1949年，新中国成立，沙嘴村走进新时代。

1950年6月28日，中央人民政府委员会第八次会议通过《中华人民共和国土地改革法》，废除地主阶级封建剥削的土地所有制。10月，土改工作组来到下沙村，收缴地主、富农的土地、房屋、农具及金银细软，分发给全村贫下中农。历代农民"等贵贱，均贫富"的朴素梦想，在下沙村得以初步实现。

1953年，沙嘴成立互助组，村民共享生产资料，走上互助合作道路。

1954年底，在互助组的基础上，东头、西头、竹村三个自然村组成三个初级农业合作社。

◎ 20世纪80年代东头村

◎ 20世纪80年代西头村

◎ 20世纪80年代竹村

1956年，沙嘴成立高级农业社，下辖农民协会农业生产合作社和渔民协会渔业生产合作社，土地、耕牛、农具以及船只、渔网等生产资料，入社进行重新分配，集结全村劳动力，统一安排耕种和捕捞。

1958年8月27日，中共中央政治局北戴河会议通过《中共中央关于在农村建立人民公社问题的决议》，要求全国各地尽快把小社并为大社，转为人民公社。9月27日，宝安县南天门人民公社成立，按照"组织军事化、行动战斗化、生活集体化、管理民主化"的原则，沙嘴农业社与沙尾农业社合并为火箭连，沙嘴渔业社与沙尾、新洲、石厦、上沙、皇岗渔业农户，以及下沙、石厦的蚝业农户合并为万能连。

1959年，南天门人民公社改为附城人民公社，撤销军事化建制，沙嘴村改为沙嘴大队。

新中国成立初期，发生全国性饥荒，沙嘴村背山面海，可以吃山，也可以吃海，却突然发现，没吃的了。

据《新安县志》记载，深圳发生过多次饥荒：

顺治五年（1648年）大饥荒，新安县死人过半。

顺治十年（1653年）又大饥荒，有一村无一人生存者。

康熙二十五年（1686年）大旱，全年稻谷无收成。

乾隆四十二年（1777年）大旱，人饿死甚多。

乾隆五十二年（1787年）大旱，又人饿死甚多。

康熙年间的清海迁界，更是灾难深重，屈大均在《广东新语》中说："老弱者展转沟壑，或合家饮毒，或尽帑投河……死亡载道者，以数十万计。"

几百年前的苦难，只留下几行冰冷的文字，后人读来，已没有太大感觉。发生在20世纪六七十年代的事儿，却如同还没有愈合的伤口，不小心触及，还是痛。

沙嘴人大多数去过香港，知道那边的生存环境的确比这边好，有出海证、耕种证的大大方方地过去，没证的则花一些钱半夜里坐船过去，没证又花不起钱的人，则从海里游过去、从山上爬过去。

相关资料显示，深圳出现过四次大规模入港潮，分别是1957年、1962年、1972年和1979年，其中1962年5月的那一次，十几天时间，过去6万余人。

二十多年，内地总共流入香港多少人，难以精确统计。宝安县公安局在1971年的《年终汇报提纲》里写道：大望前、马料河、恩上、牛颈窝、鹿嘴、大水坑等许多村庄都变成了"无人村"，有个村子只剩下一个瘸子。

得地利之便的沙嘴村，流入香港多少人，也没有统计。沙嘴欧氏族谱的相关数据也许可以说明问题。清末民初，沙嘴村有渔船50多条，下海捕鱼的男丁200多人；1979年3月5日，宝安县升级为深圳市，沙嘴村作过人口统计，139户，488人，劳动力234人。而历年中国人口数据显示，1910年为4.3842亿，1979年为9.75亿，翻了一倍多。按以上数据的规律，大致可以算出，沙嘴村流出多少人。

1977年11月11日，邓小平到广州视察，下定了改革开放的决心。

1980年8月26日，深圳经济特区成立之时，时任广东省委书记（兼任深圳市委书记）吴南生说："最令人感到高兴和意外的是，在特区条例公布后的几天，最困扰深圳——其实也是最困扰社会主义中国的人口外流现象，突然消失了！"

1978年11月24日深夜，安徽凤阳县小岗村18户村民在一份秘密协议上签字按手印。协议内容如下：

"我们分田到户，每户户主鉴（签）字盖章，如以后能干，每户保证完成每户的全年上交和公粮，不在（再）向国家伸手要钱要粮，如不成，我们干部坐牢割头也甘心，大家社员也保证把我们的小孩养活到十八岁。"

这份不到一百字，文理不通还有好几个错别字的协议，是一份沉甸甸的生死状，也是中国改革开放的重要文献。自小岗村开始，中国农村全面推行家庭联产承包责任制，文字曲里拐弯不好理解，其实就是小岗村农民所说的"分田到户"。

1980年，当"分田到户"风吹遍全国，沙嘴村却不分田地，仍然坚持走共同富裕的集体主义道路。

沙嘴村对中国特色社会主义道路满怀信心的人是村长欧礼锦。

欧礼锦，1947年出生，1962年辍学回家做渔民。欧礼锦的同龄人，先后通过各种途径去了香港，有出海证的他时常出入香港，但他从来没觉得香港怎么好（他爸早年间去香港打过工，劳累致病回来了），更没想如何在香港留下来。像那个时代的许多年轻人一样，欧礼锦满怀豪情壮志，他坚信，只要走对了道路，社会主义的深圳，一定不会比资本主义的香港差。

1966年，欧礼锦加入中国共产党，历任沙嘴大队、新沙大队团支部书记、民兵营长、大队长（村长），当全国各地开始"分田到户"时，欧礼锦不同意，他的理由是，沙嘴村田地少，分到各户，大家最多混个温饱，很难发家致富，不如利用毗邻香港的优势，打一打那边的主意。欧礼锦想到的主意是，田地让妇女和老人去耕种，壮劳力去香港回收废旧物资。香港人淘汰的半旧家私、老化电器、到期轮胎，想扔掉还得付给人搬运费，如今沙嘴人来免费回收，品相好一点的，还能得点小钱，他们当然乐意。而沙嘴人更乐意，这些香港人眼里的废品，拉回深圳，分拣处理后，就能变成宝贝、变成钱。

◎ 欧礼锦

不到两年，香港拉回来的废品，让沙嘴村家家都成了万元户。在1980年，万元户可比如今的百万、千万富翁还威风。

到1984年，中国第一高楼国贸大厦竖起来的那一年，沙嘴村还是没有"分田到户"，却成立了沙嘴企业公司，新华社报道说，这是中国农村第一个股份制企业，沙嘴因此被誉为"改革开放窗口的窗口"。

此后，沙嘴村以深圳速度开启日新月异的节奏。

1992年，深圳完成特区内的城市化，深圳市沙咀实业股份有限公司成立，沙嘴村共有户籍人口234户，710人。欧礼锦当选为董事长，沙嘴村民成为市民。

2001年，欧炳祥联络散居各处的沙嘴乡党，组建欧氏宗亲会筹备组。2003年，沙咀（香港）欧氏宗亲会正式成立，欧炳祥被推举为会长。

欧炳祥主持的欧氏宗亲会，在沙嘴村董事长欧礼锦的支持下，奔走十余年，捋清了沙嘴欧氏的来龙去脉，修成了《沙嘴欧氏族谱》。

2018年，深圳GDP首次超越香港，成为大湾区GDP第一城。刚卸任董事长不久的欧礼锦欣慰地笑了，自己"深圳不会比香港差"的少年梦想，没有落空。

2020年，深圳市委六届十五次全会用十六个字总结了新时代深圳精神："敢闯敢试、开放包容、务实尚法、追求卓越。"沙嘴人六百年来的每一步，都在为深圳精神做注释。

◎ 首届沙咀（香港）欧氏宗亲会选举大会（2003）

◎ 沙咀（香港）欧氏宗亲会第二届理事就职典礼（2006）

◎ 沙嘴（香港）欧氏宗亲会2012年第四届理事就职典礼

◎ 沙嘴（香港）欧氏宗亲会第五届理事就职典礼（2016）

歐

沙嘴·民俗
CHAPTER TWO

◎ 深圳河边远去的烟火

村城记·沙嘴故事

深圳河边远去的烟火

● 万福友

◎ 1983年深圳湾畔——沙嘴、沙尾、皇岗一带

传统的渔农业生产

据沙嘴老村干部欧礼锦、宗亲会欧炳祥先生等人的讲述和《沙嘴欧氏族谱》的记载,深圳沙嘴欧氏开基祖观成公于600年前(明朝初年)自顺德陈村迁徙来到沙嘴村时,以晒盐为业。古代食盐由官府统一管辖,晒好的成品盐上交政府并获取报酬。晒盐之余,先祖们开始开荒拓土,建屋捕鱼。后来,随着气候、地貌等变化,沙嘴已不适合晒盐,先祖们改为以打鱼捕捞为生,也逐渐开荒种地,进行农耕生产。

◎ 晒盐

"弄潮儿向涛头立,手把红旗旗不湿。"宋朝词人潘阆的《酒泉子·长忆观潮》,描写的是八月十五钱塘潮来临时,那些擅长游泳的勇士手拿红旗争先恐后地跳进海里,迎风劈浪,不但毫发无伤,还保证手里的红旗不被潮水打湿。词句写出了"弄潮儿"的高超的水性和无与伦比的勇气。旧时沙嘴村的男儿以出海捕鱼为业,养家糊口,而出海,则意味着必须有过人的胆气和过硬的游泳技术,否则,遇到风浪就会有生命之虞。当然,人在伟大的大自然面前,即便你有过人的水性和超人的胆量,都渺小得不值一提。

旧时沙嘴村人的渔业生产，一年四季里除冬季因鱼沉入海水深处不易捕捞外，春夏秋三季均要出海捕鱼，冬季则主要采红螺。捕鱼作业的渔场集中在南海北部、珠江口外，以及东起桂山、西至万山群岛一带的海域。

沙嘴渔业分为浅水作业和深水作业两种。浅水作业集中在尖鼻嘴和烂角嘴（即现后海湾）一带，主要是捕捞黄鱼。

"工欲善其事，必先利其器"。渔船与渔网是打鱼为生的人们必不可少的"器"。渔船为木帆船，长10米，宽3米，载重4吨，抗风能力为5级，每条船配有20张不同规格的渔网。出海捕鱼时，都是四条船一组，每条船上有3个人，一个舵手，一个放网，还有一个配合收网。船行驶到渔场后，船员要先爬到桅杆顶端，观察海面，寻找鱼群。正常的海面是青蓝色，有鱼群的时候，白天海面颜色呈黑色，夜晚海面颜色呈银白色，这是世世代代捕鱼为业的沙嘴村人得出来的宝贵经验。

黄鱼是海鱼的一种，体形较小。观察黄鱼也是寻找鱼群的重要方法。黄鱼在海面游动时，有一个与众不同的特点，就是头朝下尾巴朝上，在海面上不停地打水，很容易被发现。而鱼群都是跟着黄鱼走的，找到了黄鱼，也就找到了鱼群。

◎渔船

找到鱼群后,正式的捕捞作业就开始了。渔民们把船驶进鱼群,先将四条船中的两条船首尾相连,在海面摆成一个"人"字形,这两条船被称为"母船",两条"母船"形成一个160度的夹角时,随即下网。另外两条被称作"公船"的船,一边在鱼群后面追赶,一边用木棰敲打船板,把鱼往夹角里赶。最后,两条公船分别与两条母船相连,形成一个新月形包围圈,并把网都放下去,这时鱼儿纷纷进入网里,等到网上的浮标全部沉入水中,就可以收网了。

◎ 渔船夜泊

沙嘴村先辈们有一种专门捕捉鲨鱼的方法:他们用长约15厘米、粗3毫米的铁丝弯成钩状,尖端磨得十分锋利,然后拴在一根一两千米长的麻绳上,每隔一尺左右拴一个钩。到了海上,把麻绳的一端紧紧地固定在船尾,其余部分抛到海里。一旦鲨鱼咬住了其中的一个钩,就会上下左右乱窜,想拼命挣脱铁钩。鲨鱼越挣扎,绳索缠得越紧,直到满身被绳上的钩钩住。等鲨鱼的力气用尽,渔民们就可以轻轻松松地把它拉上船。

◎ 水边街市(渔市)

过去没有天气预报,对于先辈而言,出海打鱼最怕的就是台风,一旦躲避不及,就会船毁人亡。在长期的海上作业中,沙嘴的前辈们总结积累了丰富的气象知识,在台风预报方面,他们有很多观测方法:第一个是看天上的云。如果满天的白云都像龙爪似的一爪一爪的,渔民们称之为"龙爪云",就预示着台风即将来临。第二个是看海上的泡沫。正常情况下,海水的泡沫是白色的,如果海水的泡沫呈黑色,也是台风来临的先兆。第三个是听声音。渔民们会趴在船板上听海水的声音,如果船板下面的海水发出"咚、咚"的声音,说明台风很快要到来,必须马上返回避风港。

清朝晚期是沙嘴村渔业最兴旺的时期，全村曾达到80多条渔船，下海捕鱼的壮丁有200多人，每天捕回100多担鱼。当时，从深圳湾到东门一带，家家的饭桌上都摆着沙嘴村人捕到的鱼。

随着深圳湾和近海海域的污染日益严重，鱼越来越少，捕获量越来越小。香港的渔民早就驾着机器船，到中海、远海去捕鱼了。中海、远海的鱼不仅多，而且优质，价格也高很多，赚到的钱自然就更可观了。

1966年，沙嘴渔业大队决定筹资购买一艘120匹马力的机械船。但在计划经济年代，120匹马力的机械船由国家计划分配。沙嘴人跑遍了公社、县和省的各个部门，就是拿不到批文。

◎ 晒网补网

大队干部们讨论来讨论去，最后想到了一个办法来试一试——由队干部欧兴全给周恩来总理写一封信。果然，没过多久，沙嘴大队接到县里的通知，说上级分配给他们大队一台120匹马力的柴油机船指标。这是福田地区历史上第一条，也是唯一一条大型机械化渔船。

驾着机械船到远海捕鱼，对沙嘴人来说是一个新事物，也是一项挑战。和以前划着木船在近海打鱼不一样，机械船需要新技术、新知识，特别是要掌握更高级的航海技术、机械技术和通信技术等。于是，沙嘴大队派人到南澳渔业大队学习深水作业技术。

从此，沙嘴渔业大队的渔民们驾着经周总理批示买到的这条机械船，正式到远海捕鱼了。白天，由两名船员爬上桅杆观察海里鱼群状况，并向舵手汇报，等到舵手命令就下锚；夜晚，渔民们会用灯光照鱼：由两三条小船把灯放进海里，鱼群看见灯光自然就聚集过来了。

◎ 晒咸鱼

令人难以置信的是，祖祖辈辈在海边长大、在海风海浪里向大海讨生活的沙嘴人，一到深海捕鱼居然会晕船，吐得昏天黑地，难以作业，而且单船在远海作业也不安全，仅仅过了三年时间，沙嘴渔业大队就将这条船转让出去了。

在沙嘴渔业大队社员们想要扩大渔业生产、增加产量以提高收入的时候，敬爱的周总理在百忙中亲自批示给予的关怀、支持与帮助，犹如一束光，给予了沙嘴人民极大的鼓舞和无穷的力量。大家深深感到：虽然我们远在祖国的南海之滨，党和政府却没有忘记我们，时刻把我们放在心里。

如今的沙嘴村已停止渔业生产多年，今天沙嘴村的年轻人都没有出海捕鱼的经历了。

沙嘴建村初始，人们以晒盐和渔业为业。晒盐和出海捕鱼需要技术和力量，自然是男人们的事。随着时间的推移，他们也逐渐开垦一两块田地耕种稻谷、蔬菜等，耕种相对于出海捕捞，对技术与力量的要求轻微一些，妇女们已足以胜任。几百年下来，沙嘴村有了500多亩水田和近百亩旱地。

◎ 犁田

沙嘴主要粮食作物有一年种植两季的水稻，还有番薯和马铃薯等。油料作物种有花生，榨糖作物种有甘蔗，蔬菜类还有白菜、菜心、通心菜、西洋菜、芥蓝、菠菜、椰菜、猪姆菜等。

一年之计在于春，农业生产从年头就开始忙碌了。种好水稻，是沙嘴人最重要的农事活动。

过完年，农历正月下半月，沙嘴先辈们就准备播种。

二月，开始犁田、耙田，使稻田土壤松软，做好插秧准备。

◎ 耙田

◎ 春播（摄于1970年前后）

◎ 秧田（摄于1974年）

◎ 担肥（摄于1975年）

沙嘴·民俗

◎ 禾稻收割（摄于 1970 年前后）

◎ 晒谷（摄于 1970 年前后）

◎ 挑禾秆草（摄于 1970 年前后）

三月，播种的水稻已经长至五六寸高，要移植插到水田里去。插完秧苗后，又接着种其他农作物，如花生、甘蔗、番薯等等。紧接着，稻田又要追肥、除草、除虫……

到六月下半月至七月，早稻成熟，大收割正式开始。

既要抓紧将早稻收割完，又要抓紧犁田、耙田，将晚稻秧苗插下去，所以，六七月也叫"双抢季节"。

秋天，农历八月份，晚稻快速成长，需要除草、追肥，等到十月收割。

十一月到了，要晒干禾秆草（稻草），再挑担到文锦渡去卖。收割完的稻田也需要犁好、耙好，等待春耕。另外，田地里种的甘蔗需要剥壳（叶），才能长得更高。

十二月，村民们要把花生剥好，交去政府换花生油回来……

沙嘴村先民们还在村子周边开挖了很多大大小小的水塘养鱼，在海边固筑了几个百亩基围塘养鱼虾。主要养殖草鱼、绞鱼、鲢鱼、乌头鱼、鲤鱼，和少量生鱼、塘虱，后期引进高繁殖率的非洲鲫鱼等。

除了渔业和农业，沙嘴村村民还少量养殖耕牛，食用猪、鸡、鸭、鹅等，也种了一些荔枝、黄皮和龙眼等果树。

捕鱼、养鱼，外加种植水稻、蔬菜，使沙嘴成为深圳的"鱼米之乡"。

独特的婚礼习俗

"一梳梳到尾,二梳夫妻白发齐眉,三梳儿孙满地,大富大贵,夫全子禄,百年好合,永结同心,珠联璧合,鸾凤和鸣……"这是沙嘴村新人结婚的时候,"娶家娘"和"送嫁娘"一定要对新郎或新娘当面讲的吉利话。

结婚生子,是人生的大事,也是家庭和宗族的大事,还是一个民族、一个国家生生不息和继往开来的大事。关于结婚生子,沙嘴村一直非常重视,也有自身的独特传统。他们的婚礼习俗包括"男娶"与"女嫁"两部分。

◎ 1989年沙嘴农家娶了洋媳妇(左二)

男娶

选择吉日

为了保证子孙后世代代荣昌,青年男女结婚之前,双方长辈要提前数月选择吉日。吉日包括:登记注册的日期,过大礼的日期,送给村内家家户户煎袋(果子或用饼干代替)的日期。选好吉日,还需要提前选择摆酒场馆,商量订制请柬等事宜。

过大礼(担酒礼)

男、女双方家里都做好充分的物质准备。男方家要准备新郎新娘结婚钻戒两只,一套龙被,两把红雨伞,两条轿红布,一副对联,一担竹箩仔,两个竹箩窝栏,一个竹筛箕,一个竹米升,数包爆竹,五对龙凤蜡烛,两双龙凤饼等礼品。还有要送给女方的礼饼、好酒、腊肠、米、鲜鸡蛋、鲜鸭蛋、苹果、香蕉、虾米、腐竹、发菜、鱿鱼、瑶柱、冬菇、核桃、蚝豉、大块猪脾肉、猪肚、猪心、猪粉肠、鸡钱红包和礼金大红包各若干。这些物品每一样均各有寓意,需要提前送到女方家,或折算成钱送与女方购买。女方家需要备好新郎长裤一条,新郎鞋子一双,钱包一个,皮带一条,肉鸡一对(或用红包代替),黄糖十块,粉丝两包,茶果及煎袋(果子)数十只,小香芋两个,莲藕两条,生菜、芹菜、葱、蒜、香蕉、苹果等若干,还需要准备一个回给男方的鸡钱红包,与男方带来的鸡钱红包一起带回男方家。

过大礼时,男、女双方要在家中神台拜神,男方要派人挑上一大一小两担竹箩,竹箩中装着猪肉、甜粉丝、红枣、茶、酒和礼饼等物品。送到女方家后,留下一担大竹箩给女方家用,小竹箩过礼完后担回男方家(竹箩内放些福禄米、桂叶、碌叶,或一双橘子)。

"开厨"

结婚日前一天,男方家要"开厨",请亲人吃开餐或大盆菜。在神台点燃一对龙凤蜡烛拜神,并摆一双龙凤礼饼,按规矩用熟公鸡、熟猪肉、腐竹、甜粉仔各若干,在门口或阳台对着天空拜神,燃放爆竹。

新郎上头（上妆）

结婚当日，凌晨时分，桌台上便要按婚俗，如数摆上食物、酒、茶和日常家庭用具。拜神上头（上妆）时，神台燃一双龙凤蜡烛、10支香火拜神。用红桶装满大米，米升里用一张红纸垫底，里面放些福禄米、桂叶、碌叶，以及利是、红纸若干，再放一盏点燃的油灯（灯火要燃点到圆月为止）。

新郎双膝跪在两个双重叠的竹窝栏里，坐在两张双重叠的红凳上拜神上头，由娶家娘给新郎上头。上头时，由娶家娘对新郎讲吉利话："一梳梳到尾，二梳夫妻白发齐眉，三梳儿孙满地，大富大贵，夫全子禄，百年好合，永结同心，珠联璧合，鸾凤和鸣。"

结婚当日，当有亲戚入门来贺喜时，男方家收到贺礼后，要给每个担头（贺礼担）回礼。

出门迎娶

结婚日，新郎和父亲按算择好的吉时到神台拜完神后，捧一盆放有福禄米，两封利是，两块桂叶，两块碌叶的礼品，拿一条轿红布，同时给女方家带去头门钱、二门钱、养育钱、奶育钱、舅仔钱、梳妆钱和一些爆竹，一对龙凤蜡烛（给女方家神台拜神用）。新郎还需要带一大包"姐妹钱"利是（红包）到新娘家，待新娘家的姐妹开门时给予众姐妹。出门时，在轿车前头挂红，燃放一包爆竹，由新郎轿车和请来的众多男方家兄弟车一同前往娶亲。

迎娶新娘入门

在一个竹筛箕里洒一些福禄米，放两封利是、两个石榴仔（小煎袋）、两块桂叶、两块碌叶。待新娘入门时，燃放爆竹，由娶家娘拿着竹筛箕及礼品举过新娘的头，让新娘入屋内，同时讲些吉利的话。

神台上点一对龙凤蜡烛，拜神迎新娘入门。如果有祠堂，还要到祠堂拜神。

▼ 女 嫁 ◀

新娘家要准备富含寓意的礼品，包括：一扎红线、一扎绿线、一把红伞、一包衣针、一把木尺、一扎红绒、一把梳、一个篦、一把剪刀、一只简妆盒（或改用一个托盆、一把镜子）、一丈二尺红头绳、两盒妆粉、一床棉被、两个灯盏、一扎灯芯、两个红碟子、两只茶杯、一个茶壶、一个茶盘、一个暖水壶、一包糖、一包饼干、一个木柜（现改为行李箱）、一条轿红布（由男方家提供）、一对龙凤金扼（或有一个挂胸金牌）、两个银戒指、一副对联。

结婚前一晚，女方家用莲子、百合、鸡蛋煲糖水，给陪嫁的姐妹们食用。

新娘出门前上头。摆一张桌子，桌上放一盒米，一些桂叶、柏叶、碌叶、福禄米，一封利是，两只大橘，两粒红枣，两只香芋，两盏油灯，两盒妆粉，一扎灯芯，一把梳，一个篦，一把剪刀，一扎红绒，一把木尺，一张红凳，一个洗脸盆，一个洗脚盆，同时点燃一对龙凤蜡烛、10支香火，摆一双龙凤饼，在神台拜神。

新娘上头时，由送嫁娘对新娘讲吉利话："一梳梳到尾，二梳夫妻白发齐眉，三梳儿孙满地，大富大贵，夫全子禄，百年好合，永结同心，珠联璧合，鸾凤和鸣，香凝百合两心连，恒情永志一线牵。"

女方家提前购置好一个衣柜（或改用行李箱）做嫁妆，把衣服搭（放入）柜时讲吉利话："大富大贵，夫全子禄，夫妇齐眉，白头到老，百子千孙。"

衣服搭柜时，将十个银圆分成五份，与一些福禄米、桂叶、柏叶一起用红包包成五包，柜中间放一包，柜内四个角落各放一包。预先在竹箩下面放一条新娘父亲的长裤，再放一条新娘长裤和衫裙，上层堆放其他衫裤。从竹箩里拿出衫裤再转搭入衣柜（或行李箱）内，随人出嫁。竹箩和新娘父亲垫底的长裤留在娘家。

出嫁仪式包括：

拜神
早上或中午时间，要在门口香炉装三支香，三对元宝，一个大盆菜，八双筷子，八个碗，在神台摆一只熟鸡，一块熟猪肉，用来拜神。

出门
待男方家迎亲队伍到女方家时，燃放爆竹。新娘出门时，由父亲先行挂好轿红，让新娘出阁门。

送嫁走使人
新娘出门，由送嫁走使人（送嫁陪同人员）携带各种物品及甜茶。甜茶用茶叶、红枣、冰糖或红糖煲成，备带两至四个茶杯。来到男方家后，给新娘敬请父母及前辈饮茶和接受赏赐用。女方家要提前请好送嫁走使人员，以便带送各种物品。送嫁走使人员人数视情况而定，有数人或十数人。其中，担丸（用粉面做成）一人，担脚盆一人，捧简妆盒一人，亲家娘六至八人。送嫁走使人员带两个玻璃樽或胶樽，以装载丸用；带一担竹箩，每个竹箩内放两只大橘子，还有一些福禄米、桂叶、碌叶等。

送嫁

由送嫁娘手持红雨伞遮着新娘出嫁。待送出轿车后，女方家的走使人员要向一对新郎新娘及开行的轿车撒些福禄米，再将轿钱（由小红包包着，内有零用的钱银、红针线和饼干）送给附近的送轿（车）人。到新郎家落车后，转伞给娶家娘遮着新娘入新郎家，入门时燃放爆竹。

回门

此外，还有回门和结婚圆月仪式，全部走完，结婚程序才算完成。

"添丁"习俗

沙嘴村民对代表延续香火和家族兴盛的出生婴儿寄予了无限希望,对此也有一套自己的传统。

"洗骚"

洗骚当天,用黄酒一钵,鸡蛋两个,糯米饭一碗(放一个熟的去壳咸鸭蛋),碌叶水一碗,利是(红包)两封,用一个竹米升装载两棵四季葱。另一个熟鸡蛋、一个熟鸭蛋,每个切开两份给婴儿食用,其中两棵葱三朝后拿去栽在瓷盆内洒水种养。

外婆会来3次探望坐月子的女儿及婴儿,来时都会准备各不相同的物品:第一次带肉鸡、鸡蛋、鸭蛋、猪蹄、瘦肉、些许猪粉肠、苹果、香蕉、米两盒、利是两封。第二次婴儿洗骚探望,带衫仔一条、苹果、香蕉、鸡蛋、鸭蛋茶(粉)果、手粉、松(介)糕、春明(丸)仔、黄酒一埕、米两盒作洗骚礼,利是两封。第三次婴儿满月探望,带苹果、香蕉、鸡蛋、鸭蛋、猪肉一碎、米两盒、红包利是两封、棉被仔一床、被(背仔)带一条、背搭衫仔一条、衫仔一套、头巾帽一顶、绿裙一条。

满月拜神

家中用熟鸡一只,熟猪肉一条,熟猪肠一条,甜粉(仔)丝三碗(中间碗放六粒红枣、两旁两碗各放两粒红枣,共十粒),在神台拜神。煮一盆菜摆在入主家的门口拜神。

◎ 洪圣宫大门

添丁（点灯）拜神

点灯（添丁）亦叫开灯，对于过去一年出生的男丁，男丁家会在祠堂或庙拜神以谢神恩，由上一年最先出生的男丁家择出吉日，多数在新年初五或初六进行。

（头灯）需贴院大门对联：灵爽同天昭日月，恩波似水沛江河，横幅：洪圣宫。侧门对联：赖神恩四民迪吉，被圣泽品物咸享，横幅：四季平安。

开灯准备物品：2粒红枣、1片柚子叶、腐竹10对、芽菇或小芋头2个、茶10杯、酒10杯、筷子10对、大煎堆4个、石榴6个、香蕉10条、苹果6—10个、大吉（带叶子）3个、公鸡1只。

开灯程序：庙祝先按新丁出生先后顺序将台排好，每张台铺上红纸，并写上名字，每个灯头要两个灯盏、灯芯，用两枚铜钱压灯芯，按台号摆放贡品。由灯头或主持唱祭词，完后将灯火带回家中，每日上香。由点灯日开始，每天早上都要在庙上香、斟茶、烧衣宝、放鞭炮，在家每天早上点灯、上香、斟茶，直至正月十六圆灯。开灯请神说辞：

"＿＿＿年＿＿＿月＿＿＿日＿＿＿时，焚香拜请，伏以日吉良辰，天地开张。立案焚香，香烟沉沉，神祇降临，香烟绕起，神通万里。今广东省深圳市沙嘴村于＿＿＿年出生之男丁共＿＿＿人共同拜祭，拜请南海广利文王，洪圣爷爷，洪圣娘娘，送子观音娘娘，财帛星君，土地公公，土地婆婆，五方五土神龙，文昌帝君，主福、主禄、主寿星君，值年太岁星君，各请降临。祈列位天神保佑我村众位男丁健康快乐，读书聪敏，路路平安，岁岁安康，快高长大，能文能武，成栋梁之才，耀祖荣宗，光大门闾。今虔备清茶蔬果，牲肉斋品，祈来领受，宽宽饮食。神恩浩荡，宏施大德，再祈求庇佑，沙嘴各家大小平安，百凡好事，事事顺意，子孙各各昌盛，大兴大旺，开枝散叶，瓜瓞绵绵，三拜上香。"

正灯（圆灯）拜神

正灯在正月十五，圆灯在正月十六，正灯和圆灯两日所需的物品、仪式相同。

重阳祭祖

经过五六百年、二十多代的繁衍生息，沙嘴村的传统节日习俗与整个福田区域的传统节日习俗相似，每年都有固定的传统节日。村里的传统节日主要有春节、清明、完田、端午、盂兰盆、中秋、重阳和冬至等，其中完田节就有四月初八、七月十四和十月初一3个。沙嘴村的10个传统节日，与祭祖有关的就有春节、清明、盂兰盆和重阳4个节日，以祭祖为主要内容的有3个。可见，"慎终追远"即"感恩"，是沙嘴人刻在骨子里的基因。

◎ 祭拜祖墓

沙嘴村传统祭祖每年两次，一次在清明，一次在重阳。同时，沙嘴的祭祖也分自祭和公祭两种方式。

自祭就是各户祭自家祖先，每年清明和重阳两次到祖先坟前拜祭，事前准备齐全拜祭用品，到坟前摆放好，上香拜祭，读祭文或讲吉利话，化去（烧）全部金银衣纸，完后奠茶、酒，烧炮仗，拜祭礼完。

公祭每年一次，统一在重阳节期间举行。

重阳祭祖是沙嘴村一件大事。因为参加公祭人数众多，为保证公祭万无一失，事前很早就由村股份公司（村办事处）和宗亲会多次开会做出决定，包括做好方案，准备好如烧猪、水果、糕点、香烛、衣纸等一应物品，做好一应人员安排，哪些人购物，谁唱礼，哪些人维持秩序，有条不紊。吉日吉时一到，全村每户都派代表按时一同到达太公观成公梅林祖墓拜祭。

公祭拜祭仪式：吉时前，到墓前头放溪钱，分三份去摆放，三杯茶，三杯酒，三碗饭，三对筷子，每份要有贡品，包括香蕉、苹果、橙、糕点、茶果、金猪等，由年长村民摆放在祖墓前（即明堂）。

吉时一到，由长者先点燃蜡烛（不可上香），由村长或族长站在明堂前面，身后族人按80岁以上、70岁以上、60岁以上、其他年龄男丁的顺序排好，最后是妇女，各人手拿九支香，由主礼者唱读祭文后，依顺序上香，主墓三支，左右后土各三支，全部人上香完毕，由村长或族长代表奠茶和奠酒，礼完成，烧大炮仗。

然后，斩烧猪分给各人即场吃（吃山头），余下各供品分派各拜祖者，如有利是钱亦即派，祭礼完毕。

重阳节公祭，还有专门的祝文——

沙嘴重九祭祖祝文

（由宗亲会创会荣誉会长欧炳祥提供）

金风荡暑，银汉澄清，人本于祖，物动其情，祖德高深，事严追本，宗功浩大，报切昊天，我祖观成，系出平阳，派流沙嘴，迁自陈村，定居沙嘴，晒盐捕鱼，垦殖务庆，水陆两栖，基业始茂，开支四房，人丁繁衍，追维丰功，俾炽俾昌，念祖燕贻，允文允武，宗之彪炳，丕显丕承，兹逢吉日，奉道祭祀，清酌庶馐，伏祈降鉴，来格来歆，祈祷天地，虔祈英灵，佑启我后，世代兴隆，永显鸿猷，麟趾振振，瓜瓞绵绵。

尚飨
参拜叩首

沙嘴·民俗

◎ 祭拜祖墓

049

完田节

完田节是农业生产习俗中最重要的节日。根据季节与农业生产的忙闲，每年有三个完田节，即农历四月初八、七月十四和十月初一。完田节既是对前一阶段农事活动完成的庆贺，也是一种放松和休整。

农历四月初八，早稻中耕结束，农事告一段落，村民有短暂的休闲时间，可以稍微放松一下，村民多于当日割肉杀鸡庆贺。

农历七月十四，早稻收获，晚稻栽插也已完毕，第二天又是传统的盂兰盆节，村民便将正午前定为完田节，晚上定为盂兰盆节。因为盂兰盆节在民间是鬼节，这一天，家家户户都要准备丰盛的晚餐，烧化纸钱，祭奠先人。

农历十月初一，这是三个完田节中最隆重的节日。是时，秋收及秋耕全部结束，开始进入冬闲时节，如遇好年成，更值得欢庆。村民们点燃香烛、燃放鞭炮、陈列三牲，虔诚地酬谢神恩。这一天，又是牛神节，民间相传是牛神诞生的日子，故又称牛神诞。农耕离不开耕牛，农民与牛的感情深厚，这一天更集中地表现出来。有耕牛的农户，跟过年似的，要包汤圆，汤圆煮熟后，裹在青草里，亲手喂给牛吃，以表爱护感激之情。

百鸟归巢

"百鸟归巢"是元宵节前后的大盆菜宴之雅号，为深圳湾一带元宵节前后特有的一种饮食文化，在福田区各村及香港"新界"均有流传。沙嘴的大盆菜宴据说与两位皇帝相关。

据传，南宋端宗景炎三年（1278年），元军挥兵南下，先后攻占福建和建宁，直逼南宋行宫。宋少帝赵昺及其部下沿海道一路南下，元宵节前后来到下沙及现今香港"新界"一带，驻跸二王村（现名宋王台）。时已半夜，又逢大雨，一行人饥寒交迫。

村民们闻讯，纷纷拿出自家的食物，包括萝卜、芽菇、鳝鱼、蚝肉等，供宋军充饥。虽是百家饭菜，味道也各不一样，可对于饥饿的士兵们来说，却是香气扑鼻，味美无比。

自此以后，每年元宵节前后，附近村民们便要制作大盆菜，与全村人一起进餐享用，吃大盆菜的习俗也逐渐在深圳湾一带流传下来。

最初，村民们在榕树下挖坑垒灶，支上大铁锅，制作大盆菜，做好后就一层层盛在锅里，锅下烧着火，大家围锅而吃，有点类似火锅。

后来，大盆菜习俗在流传的过程中，又逐渐与礼俗、民间信仰等活动结合起来。如"点灯"和祭祖礼仪完毕后，都要摆大盆菜宴庆祝。

如今，菜宴的地点和方式也发生了变化，不再是在榕树下围锅而吃，而是在祠堂前的广场上。每当举行大盆菜宴，族人摆上八仙桌、长条凳，将大盆菜盛在盆里，每桌一盆，成百上千，甚至成千上万人同时开宴。形式非常独特，场面无比盛大，举办时人头攒动，热闹非凡，为其他地区所少见。

大盆菜的原料也变得更加丰富，以萝卜、芽菇、荸荠、支竹、冬菇、油豆腐、鱿鱼、芹菜、木耳、干猪肉皮、门鳝干、五花肉、蚝、鲜鳝鱼、鸭肉等十五种原料为主料，再辅以蒜头、姜、葱、南乳等佐料，采用煮、煎、炸、炒、烧等方法，用大铁锅将十五种主料分别加工好，做成十五道不同风格、不同味道的主菜。最后以萝卜作为第一道菜铺底，把加工好的十五道菜，按上述主菜的顺序，一层层依次盛入大木盆里装好。

据沙嘴村欧氏祖辈传说，当年乾隆下江南，看到村民在吃大盆菜，乾隆品尝后盛赞不已，问这是什么菜，村民回曰："大盆菜。"乾隆一听，觉得名字不够文雅，当即赐名为"百鸟归巢"。

大盆菜宴习俗自南宋末年在深圳湾一带形成以来，一直传承不衰，至今已有700多年的历史。"文革"期间，该习俗曾一度中断。改革开放后，该习俗又逐渐恢复。

每年元宵节或祭祖时，村里都会举行大盘菜宴。此时，人们面对这丰盛的人间美味"百鸟归巢"，无不开怀畅饮、大快朵颐，沉浸在无比热闹和欢乐的海洋之中。

◎ 大盆菜联谊晚宴

村城记·沙嘴故事

◎ 大盆菜宴

沙嘴·开拓

CHAPTER THREE

◎ 时代缩影，风气之先
◎ 志当存高远，敢为天下先
◎ 修谱撰文，架起宗亲桥梁
◎ 甘为时代的一粒沙
◎ 老英雄欧伙昌

时代缩影，风气之先

● 王艺洁

深圳，作为中国经济特区的叙事起点，改革开放的时代地标，是一座引领与创新的城市，也是一座缔造着梦想与奇迹的城市，数不清的"从无到有"在这里激荡着时代的强音，不停顿的"先行先试"在这里蕴藏着澎湃的动能。回顾这座传奇之城数十年来的拓荒求变与自我超越，必得细看一些"窗口"的转型升级之路，因其中不仅浓缩了时代的镜像，更映射了发展的进程。沙嘴村，正是这样一扇能代表深圳改革风气的窗口。

作为中国第一个股份制村庄，沙嘴村曾是深圳"农村城市化"的排头兵，一个引起全国关注的"明星村"，借助毗邻香港的区位优势，这里曾以颇具规模的加工业、广为称道的美食业，以及兴旺发达的娱乐业而为人所熟知。这里的集体经济、基础设施建设都极具特色，一度声名远播。事实上，沙嘴村的发展历程在深圳乃至全国的农村城市化进程中都是极具代表性及参照性的。

◎ 绿景红树湾壹号沙盘模型

◎ 绿景红树湾壹号

"明星村"的前世今生

沙嘴村，位于福田区沙头街道南部，南邻深圳湾，北近沙尾村，与香港元朗、米埔隔海相望，占地面积0.23平方公里，分为一二三四坊，9条街和1个工业区，439栋房屋，总建筑面积为50万平方米。2015年末总人口3万人，其中，原居民370户、1300人，深圳户籍1700户、5000人，全村村民均为欧姓，其始祖便是春秋时期的铸剑鼻祖欧冶子。

唐朝初年，欧氏族人从长江流域南迁，其中一支来到广东南雄，后由欧观成公带领，从陈村东渡淇澳岛，翻越鸡山，迁徙至深圳湾，结草为庐，开荒拓土，渔耕生息，欧氏一族自此定居下来。因这片海滩从外形上看像一条龙，而该村正坐落于沙地前头嘴型部位，故而取名"沙嘴"，也曾写作"沙咀"。后来，欧姓族人在离海稍远的沙丘上建起了一座更大的房子聚居，称作大围家。后又建起新安围，遍种簕竹以做安防。至清朝中晚期，基本形成了东头村、西头村、竹村、围内"三村一围"的规模。

改革开放前，沙嘴村隶属宝安县附城公社新沙大队沙嘴生产队，村人靠晒盐、捕鱼、种田为生，很多村民因生活穷苦而逃港谋生。1978年，沙嘴村恢复生产大队建制，隶属福田人民公社。大发展始自1979年，一些村民因分工包干到香港捡汽车旧轮胎卖而赚到"第一桶金"，还有很多村民则通过到深圳河对面耕作的机会尽可能"带货"销往内地，不仅有益力多、药油、洗发水之类的生活用品，还有电视、冰箱等紧俏大件。

1980年，深圳市经济特区成立，沙嘴村被划入经济特区，但因地处偏僻，商业消费环境不足未建成区。1984年，沙嘴村首先成立了沙咀企业公司，而后沙咀股份公司正式成立，中国第一个股份制村庄由此诞生。领导班子经过研究，决定大力发展加工制造业，在产业发展中闯出新路。1985年10月至1989年6月，沙嘴村向村民集资6次，共集资约640万元，加上村财政陆续投资390万元，建起了5万余平方米的厂房。为了进一步扩大再生产，村集体3年不分红，全力以赴投入厂房建设。随着村民集资的第一批厂房落成，沙嘴村随即抓住改革开放的重大机遇，寻求居港同胞的信息和资金支持，大力发展边贸生意，创办来料加工工厂。至此，就不得不提到"三来一补"企业：这是我国改革开放后加工贸易、外向型经济的最初形式，也是我国以劳动力优势参与国际分工的开始。

◎ 1966年沙嘴生产队

一九六六年沙嘴生产队东头小队社员担肥料下田（本张照片由欧添泉摄制）

欧锦嫦　文锦娣（毛添婆）　黄娇好（跛婆）

◎ 厂房建设

"三来一补",指的就是来料加工、来样加工、来件装配和补偿贸易,中国大陆企业依靠外商提供的原料、技术、设备等,根据对方提出的产品质量、规格、款式等要求,完成加工、组装、整合等基础制造环节,最后把产品提供给外商,并获取相应的回报。

根据《人民日报》的记载,当时深圳积极引进外资、发展生产,扩大对外贸易,与香港客商合作办成首批29个来料加工厂,由香港客商投资,提供设备和生产技术,涵盖无线电、五金、皮鞋、皮带、皮箱、工艺、服装、餐巾纸、毛织品等行业。这些企业作为改革开放初期深圳经济发展的根基,在特殊的历史环境中留下了浓墨重彩的一笔。

正是因为这一契机,沙嘴村民们开始有了多方收入来源,除集体分配外,还有股息收入、承包收入、劳务收入等。至1989年,沙嘴村的财政收入比1985年翻了一番,不仅成了远近闻名的工业富村,也成了国际制造业转移的首选生产基地。

在当时,西铁城手表主要在沙嘴生产并销往全球。随后,西铁城的一家子公司也选择了在沙嘴设厂,专业生产打印机。彼时,沙嘴工业区遍布来料加工企业,高峰时共有2万多名工人。而在沙嘴生产的礼仪蜡烛,曾经远销欧洲和美国,成为欧美城市居民在圣诞节时的热门消费品。

进入20世纪90年代,伴随深圳市经济特区农村城市化,沙嘴村挂牌实行股份制改造。1992年11月27日,沙嘴村正式改制成为沙咀股份合作有限公司,标志着沙嘴村民"洗脚上田",朝着融入国际化城市的目标又迈进了一步。1996年5月,依法规范集体资产,公司资产51%归集体,49%为680名股东永久享有,注册资金5440万元人民币。村民全部转为城市非农业户口,沙嘴的面貌也发生了根本性的改变,成了深圳乃至全国城中村改造升级过程中的亮点与风景。一段时间后,深圳一些公司也开始试行股份制,沙嘴的经验不胫而走,前来"取经"者络绎不绝。

兴办实业和生态改造

◎ 沙咀实业股份有限公司董事长欧锐刚

如果说那时的深圳是全国对外开放的窗口,那么沙嘴就是深圳对外开放的窗口。"当年的沙嘴,是外国友人来访深圳时的必看之地,我们接待过很多来自日本、澳大利亚等国家的客人。"沙咀实业股份有限公司的董事长欧锐刚向笔者介绍道。

作为一名土生土长的沙嘴人,欧锐刚经历了沙嘴村的几个重要发展阶段,从小时候看着村人一直延续着旧时"男人打鱼,女人耕地"的生活方式,到青少年时期看着村里逐渐增多的工厂与作坊,再到后来加工业的兴起吸引了大量内地务工青年,为沙嘴村民带来了出租房屋和做生意的机会,传统的瓦房被推倒,改为多层建筑,形成现在常见的农民房,村民的收入开始转为以收租为主。"这些年间,我能明显感受到的不仅是村容民宅的彻底改观,更是为之一新的村民精神面貌。随着人均收入的大幅提升,集体经济的迅速壮大,沙嘴成了一个更加富足、更加文明、更加和谐的新村落。"欧锐刚自豪地说道。这种自豪确实不无道理,早在20世纪80年代,沙嘴村就是环境强村，实行了统一规划、统一建设。全村由东至西设5条主干道，每条长700米、宽7米，由南至北7条主干道，每条长150米、宽5米，另外若干条小巷以及屋与屋之间最低限度的距离都有明确规定。整个社区建筑布局井然有序，横平竖直，呈井字形网格延伸，内循环道路四通八达，可通小车。1985年，沙嘴用于村民盖房居住的土地为6.3万平方米，其后陆续建起260多栋楼房，统一规划最低2层，最高4层，每户平均1.5栋，住房面积最小的家庭，也超过了人均30平方米。沙嘴村超强的规划意识，为日后实现跨越式发展奠定了坚实的基础。在这里，找不到城中村里常见的"握手楼""亲嘴楼"，在众多城中村里可谓是难得的景观。

◎ 美城酒楼（2018年）

◎ 沙嘴渔村酒楼（2018年）

资料显示，改革开放后，深圳特区市政建设飞速发展，市区成倍扩大，破坏了沙嘴的农田淡水供应系统，沙嘴人干脆将稻田挖开变鱼塘，最高峰时，沙嘴有鱼塘400多亩。除传统的四大家鱼外，还引进港商投资，养殖经济价值高的水产品，包括对虾、台湾草虾（竹节虾）、螃蟹等，成了大啖河鲜的好去处，不仅本地人趋之若鹜，外地人也专程慕名前来。20世纪80年代末，沙嘴作为一座只有156户、566人的小村落，却拥有两家备有冷气的酒楼，共计超过1000个座位。一名为沙嘴酒家，其场所是从村委会办公室分出来的；一名为沙嘴渔村，面积达3000平方米。

除了酒楼，沙嘴当时还有两件事与兴办实业有关。彼时的沙嘴村和沙嘴工业村人口已经近万，建设一条能解决日常生活所需、商业与服务业较为集中的街道势在必行，但当时沙嘴正在建设中的新村和工业新村都没有这个规划，而土地却用得差不多了。时任沙嘴第一任党支部书记的欧木容和村主任欧礼锦在村中一条排水渠上想出了办法：用钢筋水泥把明渠变暗渠，上面建一列平房，隔成宽4米、深5米的单间，租出去办商店、理发店、美容院等。

◎ 原沙嘴码头

　　另一项实业则是水运码头。那几年的沙嘴虽然是出口加工区，但货物没有必要从此地进行水运出口，因为几公里之外就是皇岗口岸。即便如此，沙嘴还是自建了一座占地3500平方米、可停泊多艘200吨以下船只的码头。原因是附近区域的建设方兴未艾，从东莞、中山等地运来的建筑材料若能在沙嘴卸货，则最为节省运输费用。码头于1989年建成投入使用，一年之内，卸货万吨，盈利30万元。直到2000年，沙嘴码头才停止使用，完成了它的历史使命。2016年，伴随生态改造工程的发展，码头的堤岸地形被改变，大批公众参与红树复种，昔日沙嘴村民出海的码头，变成了适宜鸟类栖息觅食的红树林滩涂生境。2017年冬季，濒危水鸟黑脸琵鹭开始在此觅食，这片湿地成了在深圳最近距离观察黑脸琵鹭的地方。

腾笼换鸟与产业置换

20世纪80年代末，沙嘴村内集资已达到人均1万元以上，90%的家庭都有外币存款，这构成了此后数年间沙嘴各行业兴起的物质基础。当时外界即有如此评价："沙嘴是先富裕起来的地区之一，也是达到了共同富裕的地区之一。"但是，如同任何发展都离不开"破"与"立"一样，沙嘴村的发展也是如此。随着"福田中心区"的规划一步步从纸上变为现实，原有的"三来一补"纷纷被迁出，而包括沙嘴在内的"三沙一水"区域因为紧挨福田中心区，又毗邻口岸，方便港人港商登陆，流动人口逐年增多，人员构成复杂，造成沙嘴产业泥沙俱下，当地治安也存在隐患。

为破解土地、人口、安全隐患形成的发展压力，福田区确立了"腾笼换鸟"的发展思路，下决心对城中村进行大规模的改造、整治、转型、提高，其中包括对旧工业区、旧厂房等实施整改，将部分劳动密集型、低质低效耗能型产业淘汰出去，为高效、低耗、高附加值的高端产业腾出空间。从2006年1月开始，以沙嘴为主要改造试点，福田展开了建区以来最大规模的综合整治，各类治安及刑事案件下降了80%。沙咀实业股份有限公司为了尽最大努力配合政府重拳出击，迅速成立了沙咀物业管理有限公司，先期对二坊一楼近1.9万平方米的店铺进行托管，以每平方米40元的保底价，从村民手中接管店铺后统一出租，杜绝"黄赌毒"现象回潮。

在解决非法娱乐场所这一制约城中村可持续发展的根本矛盾后，福田区又实事求是，大力推进城中村出租物业转型，探索可持续发展之路。沙咀物业管理有限公司为实现正规化管理，决定借鉴品牌物业管理公司的先进经验，统一管理部分村民物业，并主动向天安、福田保税区等周边工业区员工推介。值得一提的是，物业公司中的骨干都是沙嘴社区村民的子女，并且都具备大专以上学历，欧锐刚就曾在此担任总经理职务，上任之初便挑起了城中村出租物业转型的重担。

◎ 施工·大规模地改造、整治、转型、提升

　　与此同时，区有关部门也积极穿针引线，实施产业置换，着重引入餐饮、药店、音像店、服装店、银行网点等连锁商业业态，营造便利的生活环境，推动产业生根。这种从源头入手的治本之举不仅是转型所必需，更是一场村落保卫战的核心战役。放眼现在的沙嘴村，商业形态健全，能够充分满足居民需求，欧陆风情的街道上，取代往日杂乱喧嚣的是统一的主色调、统一的立面风格、统一的广告位，各类药房、时装屋、理发店、海产行等一应俱全，只有几家正规的大型娱乐场所被保留了下来，却早已和当年场景毫无关联。

　　欧锐刚介绍道："沙嘴是福田最早大规模启动市容提升行动的城中村，政府为此推出了一系列的改革措施，通过大力推动城中村引入物业管理，引导空置物业发展品牌连锁商业，开展'引入白领'工程等举措切实推动转变，这些措施在推进的过程中都不容易，难免遭遇各种困境。但是，僵局必须被打破，难题必须被解决，沙嘴人向来以吃苦耐劳、敢为人先而知名，没有理由不通过实实在在的努力配合政府来把我们的家园建设得更好。"

打造宜居家园

破旧立新的阵痛过后，随之而来的是真真切切的实惠，沙嘴村的居住环境和商业环境的明显改善不仅带来了租金的提升，更带来了居民整体素质的提升。目前，沙嘴村主街商铺出租率达100%，租金提高了15%。村屋管理小区化，出租率在90%以上，租金也有10%以上的增长。现居住人口七成为白领，工作地点主要集中在福田保税区和天安数码城等地。社会管理规范化，社区工作站、社区公园、社康中心、社区图书馆纷纷进驻，不仅提升了功能性，也进一步缩小了城中村与城市主体的发展差距，令沙嘴的区域价值得到了显著提升。

很多村民表示：市容提升后，房租涨了，人流旺了，收入多了，年底分红也增加了，最主要的是自家的房子都变得好看了，怎么能不开心呢？对众多商户而言，以前村里鱼龙混杂，生意难做，如今有很多白领阶层光顾，生意越做越好，所以即便租金渐涨，但收入也还是增加了很多，以前的村中小店也变成了步行街上的连锁店，这种发展让人对未来充满信心。

正是在这样的背景之下，沙嘴村不仅成了原村民有所为、有所乐的家园，更成了外来者积蓄力量走向城市的驿站。如今，这里已然是聚集了约3万名"深漂族"的移民社区，多数是周边科技园区和中央商务区的白领员工，这部分居住人员达8000人以上，从事的职业种类很多，主要包括IT技术人员、工程技术人员、设计人员、老师等等，还有很多自由职业者。此外，还有不少小业主和自主创业者都选择在这里度过最初的孵化期。昔日边缘人口和低端产业聚集的城中村，如今成了白领社区和深圳CBD的配套服务区。2015年，沙咀实业股份有限公司实现资产总值3.5亿元，固定资产总值2.5亿元。近三年来股民年均分红2.5万元/人股。公司集体物业建筑面积10余万平方米。

据了解，结合"城中村"改造，沙咀实业股份有限公司先后高标准合作开发了多个白领小区物业，包括金沙花园、好景花园、蓝湾半岛等。有着300多间高级客房、总面积近万平方米的四星级沙嘴酒店，是福强路上的标志性酒店。"此前我们倾力打造的红树湾壹号一直是我心目当中深圳精神的象征，它将城市中心的繁华和红树林的自然生态资源融会贯通，不仅为居住者带来了全新的生活方式体验，也为红树林的生态带来了活力，这种城市资源和生态资源的有机融合，人与自然的和谐共生，不正反映了开拓、创新、务实的深圳精神吗？"欧锐刚的语气中满是振奋。

目前，沙嘴村规划旧改范围78.6公顷，以城市道路围合的规划范围26.3公顷，旧村改造范围14.57公顷，重建范围5.42公顷。私宅用地主要位于规划片区中部，改造范围内现状：总建筑面积48.77万平方米，毛容积率3.35%。沙咀实业股份有限公司将持续积极开展出租物业转型，全面实施城中村环境综合整治工程，通过升级和改造，令村容村貌焕然一新，基础设施更加完善，文化体育设施健全，经济得到有效转型和健康发展。

◎ "龙腾盛世 喜迎新春"新年团拜大型文艺演出致辞

展望未来，欧锐刚信心满满："如今，沙嘴村正迎来新一轮的发展机遇。根据福田区'现代中心城区'的规划，我们将进一步转型升级，大力提升公共文化设施，营造健康文化氛围，把积极向上的文化元素引入社区，使沙嘴成为文化旺村。此前，在区委、区政府的大力支持下，我们已经在社区扩建了大型文化广场，总投资4100多万元。广场设有篮球场、儿童游乐场、文艺演出舞台、绿化等配套设施。接下来，我们会继续坚持创建安全文明小区、卫生村、文明村、法治文明社区，落实社区保健中心，老人、青年活动中心，幼儿园，以及藏书两万册的图书阅览室等建设，持续完善水、电、路、通信、环卫等设施，路、街、巷全部硬底化（砼结构），坚持'环境立村'的发展战略，认真贯彻区委、区政府'双轮驱动'高端发展战略和'一村一特色'城市更新总体要求，积极稳妥地推进沙嘴旧村改造，谋划未来发展，奠定可持续发展的坚实基础。"

◎ 庆祝建党100周年2021沙咀股份公司敬礼活动致辞

欧锐刚还向笔者介绍道，接下来，沙嘴村将致力于大金沙片区的更新改造，结合金地沙尾工业区，发展高端产业，推进产业转型升级，打造亚总部基地和步行低碳社区，建设特色社区、品牌社区，实现"金地深港创新产业园"服务的配套综合区，形成特色鲜明的多元文化融合社区。通过对沙嘴牌坊、沙嘴文化广场、沙嘴洪圣宫、福田红树林生态公园等地的建设与升级，深入挖掘沙嘴村的历史与文化，不仅要让人们领略沙嘴的华丽蝶变，更要在城市化顺利转型，打造和谐社区典范的考验中交出高质量答卷。

© 沙咀股份公司新年团拜

◎ 俯瞰沙嘴村

志当存高远，敢为天下先
——深圳市创建全国文明城市先进个人欧礼锦

● 万福友

2024年4月的一天，我们来到福田区沙嘴实业股份有限公司原董事长欧礼锦家里，听他讲述他和沙嘴村的故事。

1947年出生的欧礼锦，微信名"锦哥"，今年已经77岁。

◎ 欧礼锦

◎ 1995年沙嘴村村貌

    锦哥说，他家有父母亲、两个姐姐、他以及妹妹，一家6口人。他家是下中农，父亲以打鱼为生，后来去香港当过海员，得了病就回来了。母亲耕田、耙田、插秧、下海捕捞，样样能干，甚至还会骑单车，带小孩、做家务更不在话下，是很强的劳动力。虽然大姐、二姐也帮忙，但大姐很早就嫁人了，一家人仅靠母亲干活。

    1962年三年经济困难后期，许多原来一起到深圳中学读初中的同学都逃港去了，那几年几乎天天有人逃港。没有了同伴，十四五岁的锦哥觉得读书也没有什么意思，便也停止了学业，将户口迁回村里，开始学耕田捕鱼，还领到了出海证出海打鱼。锦哥特别强调，只有成分好、表现好的人才能领到出海证，成分不好的人和有香港关系的人不容易领到。

    锦哥的简历：1963—1965年，在沙嘴村渔业队工作。1966年加入中国共产党，历任沙嘴大队、新沙大队团支部书记、民兵营长，沙咀村委会党支部副书记。1983—1992年任沙嘴村委会主任及村长，1992年11月—2012年8月，担任沙咀实业股份有限公司董事长、党支部书记，沙嘴社区综合党委书记等职，历任市、区人大代表。可见，锦哥既是沙嘴20世纪60年代以来的亲历者与见证人，更是沙咀实业股份有限公司的组织者和带头人。

    锦哥告诉我们，沙嘴村人姓欧，从开基时的十一世祖欧观成公自顺德陈村迁来沙嘴开始，就以捕鱼晒盐、垦地耕种为生。1957—1960年，沙嘴属于渔业大队，全大队有20多艘船，4人一艘船，出海打鱼是沙嘴村男劳力的主要工作。不会打鱼的就在家耕种，耕地面积也不大。当时村民劳作模式是老公出海打鱼，老婆在家耕种、看小孩、做家务。那时，村民出海打鱼几乎天天早出晚归，跟着鱼群一路追赶，先后到过大屿山、珠江口、大铲湾，走得远了，就住一个晚上，第二天起来又打鱼。打到鱼，就近卖给公家的水产公司，有时在香港近海打到好鱼还卖给香港流浮山渔港换渔网，香港流浮山渔港的渔网等捕鱼工具便宜又好用。最多的时候，一天可以打鱼一千几百斤，追赶鱼群最远的地方到过珠海、中山、高栏、斗门，总之，"鱼到了什么地方，我们就追到什么地方"。"那时，我们渔民属于吃国家粮，每人每月的标准是30斤大米。"锦哥描述着那些已经有点遥远的故事。

"1965年，我当选为生产队副队长，1972年当上民兵营长，与部队战士一起到边境线上巡逻，抓住了偷渡客就送到笋岗收容所或派出所，由派出所负责遣返。

"1978年年底，新沙大队分为四个村，我开始当村长、生产队长，1979年重新选举，我当村长、副大队长，1980年当选大队长，1992年改任股份公司的董事长，一直到2012年退休。

"据2018年出版的《欧氏族谱》统计，沙嘴村有稻田565亩，旱地近百亩，果园近百亩，水门基围、鱼塘310亩，另有几片蚝田，加起来才一千几百亩，当时全村有139户，488人。

◎ 收集旧轮胎

◎ 养鸭

◎ 收谷

"改革开放后,很多地方都承包到户,但我们的班子比较过硬,一直没有分田下去,坚持集体经济,提出要带领大家走'共同富裕'的道路。我们村比较特殊,很多家庭老公在香港,老婆、孩子则留在这边。从1979年开始,我们将村里的劳动力分成几部分,包括到香港捡拾旧物小组、耕田小组和鱼虾养殖小组。强劳力到香港捡拾旧轮胎、旧家具、旧家电等物品带回深圳销售,村民向村集体承包,十人一组,定人员、定金额,年终结算,超额奖励。耕田和鱼虾养殖小组也是定指标,超额奖励。我们村1979年当年就出了很多万元户。一般每人都超额几万元,村集体和村民的收入迅速增加,这些钱成为建设沙嘴新村的第一批启动资金。"

1980年8月26日,深圳市经济特区成立,沙嘴村被划入特区。

80年代初,沙嘴村首批港商"三来一补"加工企业胶花厂租本村厂房设厂投产。此后,蜡烛厂、纸板厂、皮具厂、表带厂等几十家工厂相继投产,各厂加起来招收有几千名工人。

1984年12月26日,沙咀企业公司成功注册,当时是我国农村第一个股份制企业。沙嘴被誉为改革开放"窗口的窗口",中央媒体多有报道,一时名动全国。

◎ 1985年沙嘴蜡烛厂

◎ 纸板厂

◎ 手表装配生产线

为了深圳特区的发展，沙嘴村的土地大部分被征收，村里干部们统一认识，将村民分配到的宅基地精心规划，建起了整齐漂亮、拥有400多栋七八层高楼房的沙嘴新村。

　　从此，沙嘴欧氏祖先开村数百年日出而作、日落而息的渔农社会基本结束。村民洗脚上岸，进入大规模建设新村庄、出租管理物业及自谋生活的生产方式和现代生活模式。

　　1992年，特区内农村城市化，沙嘴村内第一批室内有线电话开始申请安装，"楼上楼下电灯电话"真正实现。

　　1992年11月27日，深圳市沙咀实业股份有限公司成立，沙嘴村的工厂、商场等集体物业由股份合作公司经营管理，盈余部分年终按有注册户口、有分配资格的村民平均分配。

　　1996年5月10日，村民的身份变为沙咀实业股份有限公司股民。

　　沙咀实业股份有限公司集体经济主要用于建设工厂、商场和供水供电等基础设施，第一至第六期投入资金共654万元，村里同时向银行贷款400万元建厂房。通过统一规划建设道路、水电等基础设施，沙嘴村的村容村貌有了极大的提升。

◎ 沙咀实业股份有限公司（2014年）

1996年，与开发商合作在竹村片区旧址上建起商品房小区"好景豪园"。

1999年9月，沙嘴老围、东头、西头村拆除，与开发商合作建成七栋33层住宅小区"蓝湾半岛"。

2003年，股份公司投入4370万元建起1.9万平方米的"金沙嘴大厦"，投入2530万元兴建1.1万平方米的"沙嘴购物广场"，这些物业产权归村集体，收入给村民分红。

2014年，占地35公顷，涉及金地工业区、沙嘴村和沙尾村三大区域的金地新沙片区城市更新项目正式启动，2019年，"绿景红树湾壹号"建成，同年交付使用。

随着邻近天安科技园、福田保税区、世纪工艺文化广场等大型经济区的发展，沙嘴进一步扩建大型文化广场和配套公共服务设施，实施"引入白领"工程，成为白领社区和深圳CBD配套服务区。目前，居住在沙嘴的白领人员达到7000人以上。

沙嘴致力于大金沙片区更新改造，结合金地沙尾工业区，发展高端产业，推进产业转型升级，实现"一村一特色"的城市更新要求，打造特色社区、品牌社区，打造为"金地深港创新产业园"服务的配套综合区，形成特色鲜明的多元文化融合的和谐社区典范。

◎ 好景豪园（1999年）

◎ 蓝湾半岛（2018年）

◎ 金沙嘴大厦（2014年）

◎ 绿景红树湾壹号（2018年）

◎ 沙嘴文化广场（2014年）

至2017年，沙咀实业股份有限公司集体物业总面积约59947平方米，楼房429栋，股民分红每人每年约2万元，共有本族村民1300人，股民680人，居住人口达到2.6万多人。

村班子在抓好经济建设的同时，非常重视对教育的投入。早在1985年，村里就专门买了一部新中巴接送到福田中学上学的孩子们，对评上"三好学生"的孩子一年奖励几百块钱。孩子们考到大学，学费全包，一年还报销四趟来回机票。考到成人大学，学费和回家差旅费也参照大学的学生执行。这个奖学的力度不仅在当时，就算放到现在来看，还是非常大的。翻开《沙咀欧氏族谱》，至2018年宗亲会的统计，沙咀村宗亲出身的博士、硕士学位获得者43人，拿到的几乎都是中国香港乃至英国、美国、加拿大、澳大利亚等地的学位，他们的父辈也几乎都在香港。本科学士学位获得者140多人，专科毕业60多人。沙咀村民崇文重教的传统也是他们作为欧氏族人的家风之一。

◎ 1992年沙咀（嘴）实业股份有限公司成立

◎ 1992年沙咀（嘴）实业股份有限公司成立大会前夕

经过二十多年的发展，集体经济迅速发展壮大，人均收入大幅提升，村貌民宅彻底改观，村民的精神面貌为之一新，一个富足、文明、和谐的新沙嘴应运而生，成为深圳城中村改造提升的一个亮点、一道风景。沙嘴村，真正由原来的落后的小渔村蜕变为深圳市福田中心区熠熠生辉的明珠。

在改革开放初期，许多村领导对集体经济该怎么办的问题毫无头绪的时候，绝大多数村子的领导们随波逐流，听信了个别村民的意见，采用"分光，用光，花光"的方式处理集体经济，让无数的村集体成了无土地、无钱、无实物的"三无"村，空有其名而无其实，成了名副其实的"空壳村"。殊为难得的是，沙嘴村的"领头羊"欧礼锦和他的团队一班人，在非常关键的历史转折关头，保持了清醒的头脑，顶住了压力，不仅让集体的经济保持下来，还敢闯敢试，采用定人员、定金额、定指标承包的方式，走出了一条独特的发展壮大之路，给深圳各区各村的"共同富裕"带了一个好头，为振兴集体经济、带领村民早日走上"共同富裕"的康庄大道提供了一个可资借鉴也可以复制推广的宝贵经验。

历史，应该记下那些为村集体经济不断发展壮大呕心沥血、忘我工作的以"班长"欧礼锦为代表的一班人的名字。

欧礼锦：历任沙嘴村主任，党支部书记，沙嘴公司董事长，市区人大代表。全国"孝亲敬老之星"，第三届"广东省十大敬老之星"，深圳市"十大孝亲敬老之星"，第八届深圳关爱行动"最具爱心人物"，深圳市创建全国文明城市先进个人，文明市民标兵等荣誉称号获得者。

修谱撰文，架起宗亲桥梁
——沙嘴（香港）欧氏宗亲会创会会长欧炳祥

● 万福友

  按照董事会的安排，我们于4月23日下午前往沙嘴村的宗亲会采访，因为宗亲会的老会长欧炳祥和现任会长欧胜基等长者这一天会从香港过来。上午的时候，深圳发布了暴雨预报，而且还是红色暴雨预警，微信里，欧淑文部长确认了长者们大多数头一天已经自香港回来，采访按计划进行。

  等我们到达宗亲会办公室的时候，自香港回来的四五位长者早已等在那里。打过招呼，我们就开始跟长者们聊了起来。

1945年出生的欧炳祥，是沙嘴（香港）欧氏宗亲会创会及第二届会长。他跟我们讲述了自己的故事，也比较详尽地讲述了欧氏宗亲会成立的历程。沙嘴（香港）欧氏宗亲会由欧炳祥于2001年牵头发起，与十多名宗亲一起筹备成立，2003年升任会长。欧炳祥在担任会长期间，一是协助村股份公司将沙嘴始祖的神主搬迁至梅林山墓地，二是广泛联系沙嘴欧氏的海外宗亲团结在宗亲会周围，带领宗亲会其他骨干成员自费寻根。在历尽千辛万苦，足迹几乎走遍了省内，最后从沙嘴宗亲流传下来的七律《祖立传诗》和顺德陈村的流传版本的反复比对中，确认他们村欧氏的开基始祖为欧观成公，自明朝初年自顺德陈村迁来深圳沙嘴村，至今已600多年了。三是殚精竭虑，大力协助现任宗亲会班子，于2018年成功完成、修订出版了一部厚厚的包括"沙嘴简介""沙嘴源流""人物""世系表""历史文物""宗族传统与风俗信仰""艺文志""传统生产方式""生活方式"九大部分内容及"沙嘴历史大事记"的图文并茂、对沙嘴欧氏族人而言是一个巨型且浩繁的寻根修谱工程——《沙嘴欧氏族谱》。

◎ 欧炳祥

◎ 《沙嘴欧氏族谱》

手捧这部厚厚的、翔实的、沉甸甸的《沙嘴欧氏族谱》，一股崇敬之情从心底里油然而生。在座的现任会长欧胜基等老先生介绍："这部族谱里的所有历史资料，都是炳祥带着我们去全国各地寻根得来的。我们的足迹几乎走遍了整个广东大地，而且开始时没有经费，我们都是自费的。我们走访了一个又一个欧氏村庄，行程一万多公里，历尽艰辛，我们还到过你们梅州。"欧胜基会长看着我们中的万福友，笑着说。是的，这部族谱里，包含了多少个昼出夜伏？大半个中国，数十个村庄，无数个寒暑的日子，那些想得到与意料不到的困难……我们完全可以想象。更何况，这些一手走访得来的素材，还得一字一字整理，经过无数次的实地或电话核对，如果没有强大的精神力量支撑，没有很好的体质做基础，没有自我牺牲精神，要完成这项工程，是难以想象的。

采访中，给我们印象最深、也最打动我们的，是老会长欧炳祥先生身处逆境不气馁、学习不断、奋斗不止的故事。

据欧炳祥老会长讲述，他1945年出生于沙嘴，1959年过到香港，开始到一个船馆做事。船馆，相当于一个船务公司，船员交一定的费用，船馆给船员提供一个窄窄的床位，给吃饭睡觉的地方；船员随船出去，穿州过省出国，回来后就住在船馆里，等待下一条船雇佣。

"我在船馆里扫地，给船员倒茶送水，船员出门办事，我给他们带路，简单来说就是当一个跑腿的小伙计，一个小跑堂的，给最底层的船员服务。底层的船员，受层层盘剥，他们的待遇收入本来就不高，还受中上层船员的气，脾气非常不好，随意打人骂人，于是，小小的我自然就成了他们最方便的'出气筒'。每次跑腿服务，我可以拿到两三块港币的酬劳。

"我觉得长期这样下去不行，没有前途，就自己跑去读夜校，学英文，每晚上课一两个小时。这样读了两年，一个偶然的机会，我遇到一个欧洲人，他见我做事勤快，还会讲一点英文，就叫我去一个船坞（即修船的地方）学修船。经过自己的不断努力，一边学习一边考牌，从一般的修理工，到三管轮、二管轮、大管轮，一级一级考上去，最后考到轮机长，职位与船长一个级别，肩章上是四条杠，整条船上技术人员一共二三十号人，全归我管。后来回到公司，担任总管，是机器技术方面的CEO。之后又先后到澳门的海宴酒店、香港丽晶酒店当总工程师。三年后，大概是1986年，又与太太一起搞房地产。

"开始做房地产时，到政府相关部门去查阅有关资料，发现当时香港的房地产政策和法律条文全部都是英文的版本，这样就发现自己的英文不行，我就到香港城市理工学院专门报读房地产专业知识培训班，读了好几个月，通过考试拿到了牌。

"1989年,因为有个儿子去加拿大读书,就移民并正式加入了加拿大。"

据欧炳祥老人讲述,他于1997年回香港看回归,看完回归后就决定留在香港不走了……

退休下来了,他又把成立宗亲会作为一件为宗亲、为大家的大好事来办,带头出钱出力,历尽艰辛,不仅让宗亲会顺利成立,还成功运作,为沙嘴欧氏族人增强凝聚力架设起联络世界各地沙嘴宗亲的桥梁,为家乡的招商引资发展经济奔走呼号,为宗亲寻根溯源修谱撰文作出了巨大的贡献。

问起沙嘴欧氏宗亲会成立的初衷,欧炳祥老会长说,有三个原因:其一是他在香港当驯马师的堂兄曾经想把宗亲会搞起来,结果因各种原因没了下文,深感遗憾,叮嘱他有机会要搞起来,简言之就是堂兄嘱托。其二是自己到了加拿大后,在国外,颇感孤独,偶然见到中国人都很高兴,还担心有朝一日如果打仗的话,遇到自己人都不认得,非常不应该,就萌发了在加拿大拉起宗亲会的念头。当时这样想:如果成立了宗亲会,大家一起聚一聚,喝喝茶、聊聊天也好。在香港,成立宗亲会之前,同一个相隔不远的地方的沙嘴宗亲,互相之间很少来往,信息不通,成立宗亲会之后,知道了是自己人,即使吵架也好,还是自己的兄弟,还是自己人。这第二点可以说是精神层面上的需求。其三的话,各地的宗亲会纷纷成立,也应是一个外在的因素。

◎ 沙嘴(香港)欧氏宗亲会成员全发、添泉、焕章、炳祥、水兴、胜基一行六人到广州白云山瘦狗岭寻找太公太婆墓地(2008年)

◎ 沙嘴（香港）欧氏宗亲会（2021年）

◎ 沙嘴（香港）欧氏宗亲会（2022年）

◎ 沙嘴（香港）欧氏宗亲会（2024年）

沙嘴（香港）欧氏宗亲会虽然在港澳筹办，却得到了深圳市和福田区两级政府的统战部和侨办侨联领导的全力支持。

根据欧炳祥老会长的讲述，细细分析与梳理就可以发现，这位老会长一路走来，人生之路清晰可见：三年困难时期，为了不被饿死，过好一点，逃往香港；在船馆当小跑堂，收入低，受气，觉得没前途，就自己跑去读夜校学英文；因为会讲一点英文，偶遇一位好心的欧洲人，介绍到一个船坞做事；在船坞做事的时候，又调整自己的奋斗目标，不断读书学习，不断过关考级，从一般的修理工做到与船长一样级别的轮机长的职位；随着工作的变化，又不断学习，把公司总管、酒店总工程师等职位干得风生水起；41岁开始改行转入房地产领域，欧炳祥又开启自学模式，到香港理工大学的前身——香港城市理工学院专门读房地产专业培训班，直至拿到牌为止……他的个人成长史，是一部读书史、一部奋斗史，也是一部不向命运低头和屈服的历史，还是一部不断调整自己，走出舒适圈、走向成功的历史。

甘为时代的一粒沙

——记深圳市沙咀实业股份有限公司的董事总经理欧东成

● 张伟彬

2024年4月17日，我有幸被委派去深圳市福田区沙嘴村采访，这次采访的主角是深圳市沙咀实业股份有限公司的董事总经理欧东成。

作为深圳市福田区的第八届人大代表及第五届的政协委员，欧东成不仅为改善沙嘴村村民的民生福利而努力，而且为福田区的民生而奔劳，为继续引领深圳"农村城市化"、成为区域城市宜居生活典范，实现高质量发展建言献策。

看到"欧东成"这个名字，我就想起自己喜欢的两个成语"东成西就"及"春华秋实"，带着这种好感及好奇心，我走进了深圳市沙咀实业股份有限公司董事总经理办公室，开始我的沙嘴村采访之旅。

◎ 欧东成

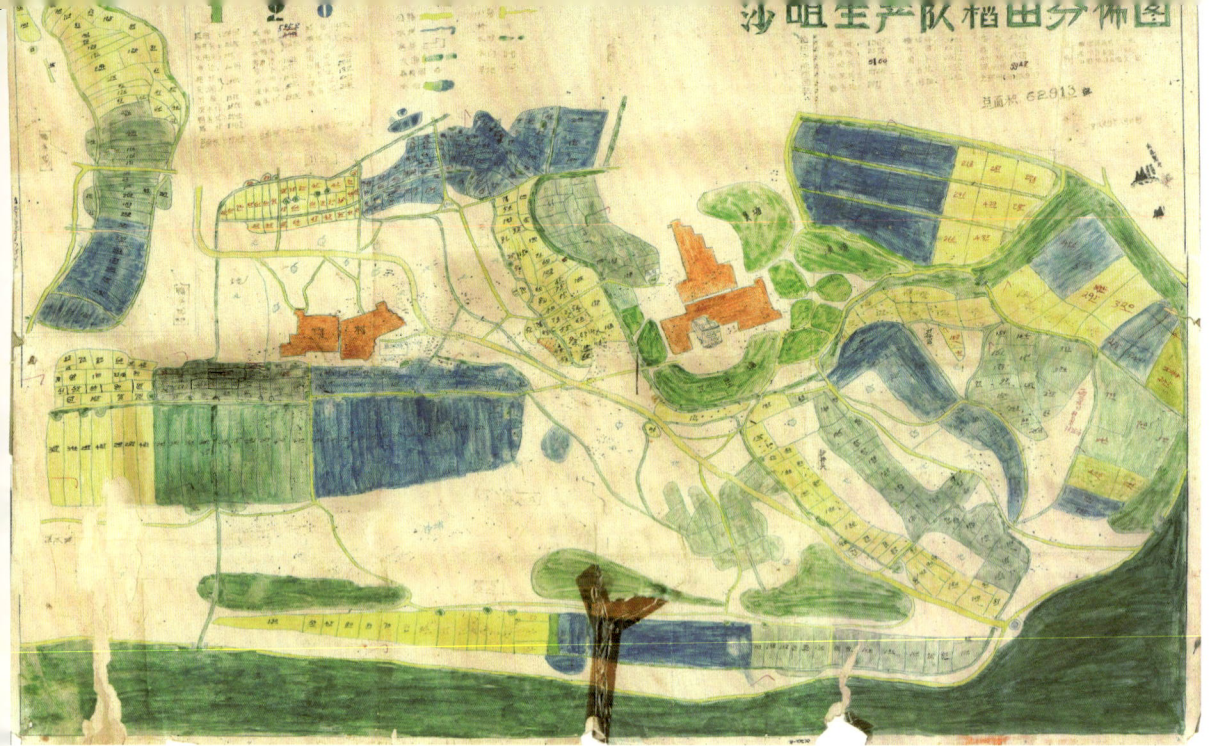

◎ 沙咀生产队稻田分布图（手绘）

欧东成是这次沙嘴"村城记"采访中被推选的三位村民代表之一，年轻有为的他却显得格外谦虚谨慎，采访就从他小时候说起。

以前沙嘴村产业以渔业和农业为主，勤劳的沙嘴村民靠海吃海。回忆起小时候村里的环境，欧东成说，自己六七岁的时候，村里到处都是农田，还有人织网打鱼，老一辈从沙嘴码头出海打鱼，基本能实现鱼类等海鲜的自足。自深圳特区成立后，沙嘴村集体建立了工业区，村民开始兴建农民房来配套企业的住宿需求。现在沙嘴高楼林立，城中村匍匐在水泥森林夹缝中生长，欧东成感慨："深圳变化真是日新月异！"

查看相关报道可知，沙嘴村有着光荣的发展历史。1984年，沙嘴村首先成立了沙嘴企业公司，村民以集资的形式兴建工业厂房，每年根据每个村民的投资比例发放分红，这种敢为人先的发展方式后来被认定为中国第一个股份制村庄；随着深圳农村城市化，1992年11月27日，沙嘴村集体经济转型成立深圳市沙咀实业股份有限公司，村民也全部转为城市非农业户口，沙嘴面貌也发生了根本性改变，成为深圳乃至全国城中村改造提升的一个亮点。而伴随着沙嘴一起成长的欧东成谈到小时候自己的学习情况，自认不是学习的材料。当时的环境下，大部分村民基本都在为改善温饱问题辛勤劳动而忽略子女学业，其实学习就像干农活，没有耕耘，就没有收获。但这并不能掩盖他"脑子灵活，动手能力强"的一面。

1991年4月10日,欧东成在"91福田区中小学现场雕塑大赛"中,凭现场创意作品《牛》获得了三等奖,收获了主办方深圳市福田区教育局颁发的一张奖状。谈起这次作品《牛》的创意来源,欧东成说那时是走路上学的,乡路田间的牛是司空见惯的,各种牛的造型在脑海中早已定格,手工雕塑"牛"自然是形神兼备,信手拈来。

90年代初期,深圳涌现了很多"三来一补"企业,大量电子厂需要专业人才,深圳市电子技术学校的学生近水楼台先得月,优先成为这些企业急需的对口人才。除了电子专业,电工、通信类专业的毕业生也很走俏,欧东成想:"如果就读电子学校,毕业后可以直接出来工作,不用担忧就业。"于是,1994年,欧东成考上了深圳市电子技术学校。

◎ 沙嘴文化广场落成典礼现场·点睛

◎ 沙咀股份公司 27 周年庆典暨欧氏宗亲盆菜联谊晚宴·上香

从深圳市电子技术学校毕业后，欧东成又顺利入读深圳职业技术学院，就读自己喜欢的计算机辅助设计与制造（CAD/CAM）专业，可以为模具注塑设计服务，设计与制造各式各样的模具等。众所周知，深圳职业技术学院是全国最好的职院之一，从这里毕业出来的学生动手能力强，比较吃香，就业率高，很多公司都会来这里招聘人才。就读深圳职业技术学院期间，欧东成不仅出色地完成了学业，还积极参与学院举办的各种课外活动。在1999年5月深圳职业技术学院院团委举办的"第一届课外科技作品展"活动中，他参加制作的"减速器结构图"作品被评为"优秀作品奖"，收获了一份小惊喜，也留下一份荣誉及美好记忆。

2000年欧东成毕业那年，有模具开发企业要在他班上招四名学生，当时他是人选之一。当年，深圳互联网推出高速的家用ADSL宽带网络，当时的网吧也慢慢开始流行，他觉得这是一个机会，于是欧东成计划与朋友合伙开设网吧，放弃了原来的职业发展道路。当年是即时通信工具OICQ（现在的QQ）和网络游戏兴起的年代，村里，他们的网吧是第一家通过ADSL接入互联网的网吧。

随着网吧市场的开放、网吧经营点遍地开花，生意竞争越来越激烈，2004年，感觉网吧生意日渐式微，他们果断关停了网吧，妥善处理好经营设备后，几个合作伙伴各自寻找合适自己的发展机会去了。

2004年，欧东成通过朋友介绍，入职东莞罗氏安全管理顾问有限公司，公司是刚成立的港资企业，主营业务是ISO国际认证，为出口企业申请质量管理标准体系的国际认证。由于不了解业务，欧东成只是做一些办公室文员工作。他利用自己所掌握的电脑知识，为公司建立起日常办公必需的电脑网络等设施。为发挥他的兴趣项及强项，2006年11月，他回到村里的深圳市沙咀物业管理有限公司，入职公司综合部经理。

他说，沙嘴村村办物业公司是由深圳市福田区政府牵头协助成立的，宗旨是引入专业物业管理服务，把村里现有的物业进行规范管理，为村里大学生等人才就业提供便利，培养村里年轻人为自己村服务。村办物业公司的体系与村股份公司的设想存在差异，其初衷是要改变村股份公司日常管理上的陋习与弊端，主要以培养年轻人为目标，并真心希望村民有"人心齐，泰山移"的决心及信心。当初了解到这样好的规划与愿景时，他就第一时间回来报名应聘了。

与梦想前行

作为沙咀实业股份有限公司的一员，回忆起沙嘴发生的大事件，他充满了自豪。

2007年，沙嘴文化广场落成！文化广场落成是件大喜事，新成立的沙咀物业管理有限公司全权筹办大盆菜千人宴活动，大盆菜规模上了一个档次。

◎ 欧东成与香港明星许秋怡女士在晚宴上同台合唱《片片枫叶情》

2014年，深圳市沙咀实业股份有限公司及下梅林实业股份有限公司联合在雅水小学举行了2014年爱心助学暨深港雅学子科普教育活动，在这次慈善活动中，欧东成对口援助了和平县阳明镇雅水小学黄思敏同学。

2019年11月23日，欧东成参与了沙咀实业股份有限公司成立27周年庆典暨欧氏宗亲盆菜联谊晚宴。大盆菜是全村老小的聚会，也是深港两地欧氏宗亲"传承根脉，筑梦未来"的活动践行。

2021年12月5日，福田区沙头街道戏曲艺术节——京剧名家名段演唱会在沙嘴文化广场举行，为沙嘴社区观众带来一场高水准戏曲盛宴。

作为深圳市福田区的第八届人大代表及第五届的政协委员，欧东成不仅为改善沙嘴村村民的民生福利而努力，也为福田区的民生而奔劳。

为更好地服务高考学子，保障考试顺利进行，积极践行学史力行，为群众办实事，2021年6月5日上午，深圳市福田区退役军人红星志愿服务队在沙嘴文化广场举行助力高考启动仪式。沙咀实业股份有限公司董事长欧锐刚及董事总经理欧东成和福田区退役军人红星志愿者等70余人参加了此次启动仪式。

2023年3月23日，作为沙头街道人大代表委员的一员，欧东成参与了"沙头街道代表委员执法体验日活动"，到文明养犬试点小区——金海湾花园管理处参观。据悉，此次活动让代表委员走近执法人员，亲身见证一线执法人员执法过程，零距离体验和监督养犬执法工作，增进了代表委员们对养犬执法工作的认知和理解，获得了他们的点赞。

◎ 人大代表欧东成参与"沙头街道代表委员执法体验日活动"

◎ 欧东成出席深圳市福田区第八届人民代表大会第三次会议（2023年）

在沙头街道工委2023年第四次工作会议上，欧东成等六位同志被聘为下沙社区立法议事会成员，任期三年。

对于欧东成来说，生活是一场马拉松，是一场慢跑，也是一份持之以恒的坚持。坚持就是马拉松，用脚力丈量春天，用运动诠释态度。

在沙咀股份公司，董事长欧锐刚、副董事长欧志森及董事总经理欧东成都有一项共同的健康运动爱好——户外单车骑行，欧东成还是马拉松跑的铁杆爱好者。从欧东成朋友圈可以知道，他参加过许多城市的马拉松比赛，在他参与的马拉松全马或半马比赛中，他都坚持跑完全程，比赛成绩不错。如果参加外地马拉松比赛，他就会在周五过去，参加完赛事及时赶回来上班，不仅不影响正常工作，而且让跑步帮助保持良好的工作状态，让自己在繁忙的工作中保持活力。

在问及目前村里的经济发展情况时，欧东成说，目前村的收入还是靠物业出租为主，与周边的沙尾村、水围村等境况差不多。村里正利用集体智慧，寻求沙嘴村经济发展的有效方法。

欧东成说，父亲以前是香港一个普通的建筑工人，虽然辛苦，但工资对比深圳而言还是可以的。他父亲是由他舅舅通过合法手续申请取得香港居留权。由于香港居住环境远没有深圳宽松，所以以前很多港籍本地村民过香港打工都是早出晚归，过着"深圳—香港"的双城生活，现在深圳发展水平提高了，各方面环境也变得越来越好了，回深圳、珠海、中山、东莞、惠州等粤港澳大湾区周边城市购房的人也越来越多了。不可否认，深圳与香港自融入"大湾区"发展模式以来，促进了各方面有益互补与进步，融合越来越深入，对双方都是利好的。

在我采访他时，欧东成并没有因为接受采访就闭门办公，而是敞开大门，几次被同事打断，有来找他签名文书的，有来咨询电脑登录问题的，有来简单汇报工作的，让我看到这个董事总经理"在其位、谋其职、尽其责"的责任与担当。

虽没有轰轰烈烈，但也兢兢业业。新团队新气象，在高层的带动下，沙嘴村村民积极参与包括长跑、骑行、步行、羽毛球等在内的各项体育运动，他们锻炼的身影出现在城市的很多地方，他们的汗水洒遍了城市的许多角落。相信假以时日，一个开放、文明、团结、积极、进步、健康、时尚的沙嘴新生力量将会崛起。

每个人都是时代的一粒沙，一粒熠熠生辉的金沙，在沙嘴村，我感受到了这种平凡而伟大，感受到了这种平等而尊贵。沙嘴村每一位村民，无论是普通村民还是村干部，都在平凡的岗位做出不平凡的贡献。

老英雄欧伙昌

● 万福友

在沙嘴村采访的时候，我们见到了边纵老战士，也是抗美援朝志愿军老英雄欧伙昌。

4月18日上午，我们预约采访了沙嘴实业股份有限公司的老董事长欧礼锦。采访结束时，我们向公司提出采访他们村唯一的边纵老战士的请求。下午2：40，当我们来到股份公司的办公室的时候，老英雄已经在等我们了。

出现在我们眼前的老英雄名叫欧伙昌，自述1933年出生，1947年13岁便参军加入了中国人民解放军粤赣湘边纵队，但是后来部队的人搞错了，把他的出生年弄成了1935年，参军时间弄成了1948年。

◎ 欧伙昌

老英雄今年已经91岁了，头发并没有全白，穿着竖纹的短袖白色衬衫，坐在沙发上，头正腰直。如果不是两个眼睛有点凹陷，脸和脖子上有一些老人斑，一点都不像90多岁的老人，扶在沙发上的双手依然有力。

老英雄面带微笑的时候，有慈祥的长者之风，年轻时英俊军人的风采也依然清晰可辨。老英雄说，他3岁的时候就失去了母亲，5岁时又失去了父爱，失去了双亲的他5岁开始就被皇岗的外婆收养，在外婆家长大。其实所谓的在外婆家长大，也就长大到13岁，因为他在1947年就报名参军，加入了著名的中国人民解放军粤赣湘边纵队。

老英雄说，他是自己报名当兵的。当兵以后公家发衣服，有饭吃。记得当时沙嘴村全村有三个人同时参军，自己开始是当通讯员，后来就下到连队。

老英雄说，有一次自己所在的粤赣湘边纵队"双虎队"在梅林山上与国民党军队"金钟队"相遇并开战。我们问欧伙昌老英雄，当时粤赣湘边纵队的顶头领导是谁？国民党军队带兵的又是谁？哪场战斗？打死敌人多少人？面对这几个问题，除了顶头领导是"麦团长"，其他的问题老英雄欧伙昌的回答都高度一致："谁知道呢？我当时还是一个十几岁的小孩。"他的回答与电影、电视里的敌我双方的头头、人数、战斗的双方伤亡情况竟无丝毫相同之处。"我只记得，当时饭做好了，大家都没有来得及吃，因为就要打仗，那个仗就在梅林山最高的地方打的。"

"我们随着部队北上，后来还参加了中国人民志愿军，从深圳出发坐火车（俗称'猪笼车'）七天七夜到安东（今丹东），1953年2月过鸭绿江到朝鲜，还参加了金城战役。"从一本有点斑驳的红底烫金文字的"中国人民志愿军步兵师军士教导营"的毕业证里，我们得以知道欧伙昌所在的部队。打开另一本红底金字的"优等射手荣誉证"，我们看到这本荣誉证由中国人民志愿军司令部和政治部所颁发，上面的内容为"欧伙昌同志在一九五六年度训练中勤学勤练，经4次实弹射击，成绩优良，特授予2级优等射手称号"。颁发的时间是1956年12月30日，编号为（优2）字第0166号，证书上填的相关信息包括部别（代号）、姓名、年龄、职务、军衔、入伍时间、入党（团）时间、使用武器及射击成绩，后面还盖上了填发机关负责首长2人的印章。这本证书显示，主人当年是"上士""班长"，还是"重机枪手"，考试的成绩是"2优2及"。

欧伙昌老人所在的部队参加了著名的"金城战役"，金城战役是志愿军转入阵地战以来规模最大的一次战役，也是志愿军对坚固设防之敌实施的规模最大的一次进攻战役。其间，与南韩李承晚的军队作战，战斗结束后还在战场一带坚守了好几个晚上，直到板门店停战协定签订。

老英雄1957年复员回到家乡，不久分配在广州海运公司工作十年，后几经波折调回深圳，到深圳市水产公司工作直到退休。我们的采访得不到很多跟"辉煌"两字相关的战绩，也听不到很多与"赫赫战功"相关联的故事与讲述，因为老英雄说，很多以前的事都已经记不得了。就在我们以为采访没有多少所获的时候，老英雄却说，他是提前退休的，他的右耳先后在广州、深圳动过三次手术，前两次在广州工人医院和广州市人民医院，第三次在福田医院做手术。做手术的时候痛得要命，差点晕死过去。耳朵是在朝鲜战场上被巨大的炮声震聋的。我们终于明白我们的采访并不顺利，就是因为战争让老英雄的听力严重受损。说到退休证，欧伙昌老人说，那些东西没有保管好，早就烂掉了。毫无疑问的是，欧伙昌老战士1947年就参军，继而跟着大部队入朝作战，参加了伟大的人民解放战争，参加了与以美帝国主义等为代表的联合国军的艰苦卓绝的立国之战，吃了许多苦，流了很多血。

如今，老人两个女儿在香港，另两个女儿在沙头，老伴身体也还不错。谈起如今的生活，老人说，比以前不知道要好多少倍，完全不可同日而语。言谈间充满了满足和欢乐。

这次采访，我不仅看到了已经91岁依然眼不花、精神矍铄，坐下去腰身依然笔挺，讲话声音依旧清晰洪亮的老战士、老英雄本人，还有幸看到了他身穿挂满奖章的正装的照片，看到了身穿挂满奖章的中国人民志愿军军装举手敬军礼的老战士英姿勃勃的形象。"中国人民志愿军抗美援朝出国作战70周年纪念章""光荣在党50年纪念章""中华人民共和国成立70周年纪念章""纪念中国人民解放军粤赣湘边纵队成立70周年纪念章""南粤七一纪念奖章"、盖有彭德怀元帅印章的"复员军人证"及盖有林彪元帅印章的"中国人民解放军预备役军官兵役证"等照片在我们眼前交相辉映，坐在我们眼前平静接受采访的欧伙昌老人，他那在人民解放战争和抗美援朝战争的隆隆炮火中冲锋陷阵、压倒一切敌人的大无畏英雄气概、金戈铁马的形象，如同电影一般一幕一幕不断闪动，他们不仅是我们最可爱的人，更是我们伟大祖国的脊梁，是创造我们中华民族始终不倒的现实与神话的精神长城！

采访结束后，我在想：假如没有千千万万个像欧伙昌这样的老战士、老英雄的流血牺牲，就不会有解放战争的胜利，也不会有伟大的抗美援朝战争的胜利，我们国家的和平和社会主义建设事业便无从谈起，后来经济特区的成立、深圳特区经济突飞猛进的发展、中国特色社会主义改革开放先行示范区和粤港澳大湾区"双区"也一样无从谈起。

行文即将结束的时刻，让我们向老战士和老英雄欧伙昌老人致敬！祝愿他老人家健康长寿，青春永驻！

（本文根据欧伙昌老人口述历史整理）

欧

沙嘴·花样年华

CHAPTER FOUR

◎ 万里鹏程展宏图

万里鹏程展宏图

● 郑丽黎

◎ 沙嘴社区·沙嘴文化广场举办星空音乐会

◎ "七一"沙嘴社区政治生日会

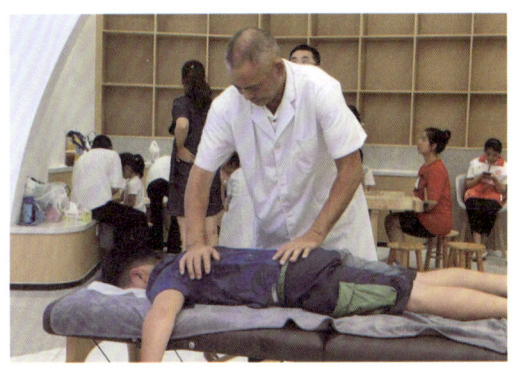

◎ "红树阵地新风尚,党员市集暖民心"活动现场

◎ 红树林生态公园科普馆的亲子研学活动

◎ 沙嘴退役军人志愿队开展"护苗、育苗"行动

◎ 沙嘴社区长者综合服务中心揭牌仪式

走进"明星村"

沙嘴村牌坊前立着一块沙嘴社区党群服务中心分布图,端端正正,引人驻足。

沙嘴社区位于红树湾畔,地处深圳河北口岸的"嘴"上,依其地形,故名沙嘴,与香港新界隔水相望。其实从平面图看其外形轮廓,沙嘴更像一颗璀璨的心形钻石,镶嵌在深圳市福田区沙头街道的南部。东起金地一路,西至沙嘴路,南起福荣路,北至金地一路。整个外围,被写字楼、酒店、购物中心、4个花园小区半包围着。中间是排列整齐、编号有序的农民楼。其间点点红星,醒目标注幼儿园、沙嘴文化广场、星光老人之家、社康中心、菜市场、警务室、应急分队、社区图书馆、沙咀实业股份有限公司等的位置,一目了然。

漫步在沙嘴村腹地，道路横平竖直，干净整洁，秩序井然，从任何一个主路口看过去，通透到一眼能望到底，显然，沙嘴村的规划比其他城中村更胜一筹。其间，有几栋绿纱网蒙面的楼房正在进行装修改造，将以风格各异、五彩缤纷的姿态表达自己，尽情绽放，以得到更多的阳光和青睐。目前有40多栋楼房完成公寓改造，为深圳流动人口提供更为便利的栖息之地。

村里的农民房与周边新建的高楼交相辉映，高矮、新旧形成对比，旧楼丝毫没有自卑，仿佛仰望着的是它快高长大"青出于蓝而胜于蓝"的下一代，甚是欣慰。看那矗立云端的绿景红树湾壹号，顶部醒目的"沙咀股份"就像沙嘴人又扬起的风帆，颇有"长风破浪会有时，直挂云帆济沧海"的气势。

高楼林立之下，夹缝中仅存的古榕树，如同慈祥的老祖母，佝偻着身躯，安坐黄昏，静守岁月，与凉亭、庙台相依偎。一阵风过，树叶婆娑，仿佛她们在共话渔村的往昔，笑谈美好的未来。

洪圣宫的存在，让前世渔民村的历史有迹可循，寄托着渔村古老的崇拜、信仰和传承，一直庇佑沙嘴村的兴旺发展。如今的洪圣宫，由欧姓族人共同捐资，第三次在村内重建，分为上下两层，外形类似庙宇和海上灯塔的结合，香火很旺。沙嘴村后代人会在虔诚的祭拜中，传承渔民村咸涩的历史故事。特别是每年的农历正月十三，沙嘴村举行的全体村民隆重参加的洪圣宫祭典活动还被列入全区首批非物质文化遗产名录。

80年代，敢为人先的沙嘴人，率先成立了中国农村的第一个"股份制村庄"，是深圳"农村城市化"的排头兵，一个引起全国关注的"明星村"。沙嘴村借助于毗邻香港的区位优势，曾创造了令人惊叹的来料加工、海鲜美食业和发达的娱乐业，属地的红树林生态公园，是国内第一个由民间基金会管理的公园。沙嘴村不仅在中国改革开放和城市化的进程中扮演了重要角色，也成了深圳文化和社会变迁的一个缩影。

现如今，沙嘴人从心而觅，扶正固本。在沙头街道办的支持下，沙嘴社区党委和沙咀实业股份有限公司潜心奋志，在喧嚣纷争中找寻自己，在安静中找寻生机和发展，立足城中村的改造，聚焦未来产业定位，深化高质量发展模式，回归映照沙嘴人纯净的渔民初心，致力于发展高端产业，推进产业转型升级，实现一村一特色的城市更新要求，打造总部基地和步行低碳社区，打造特色社区、品牌社区，与为周边服务的配套综合区，形成特色鲜明的多元文化融合的和谐社区典范。

社区党群的领头人

沙嘴一坊96号，村子卡口处路边居民楼一楼，很容易被行色匆匆的脚步一掠而过。这里没有门栏、没有保安，只有穿着红马甲的工作人员热情相迎，以及门口的各种活动预告。社区居民可以随意进出，有随时进来歇脚喝水的路人；有探身询问几时可以领到免费蔬菜的大妈；有遇雨进来取伞的行人；有四点半放学后来写作业自习的学生；有带孩子来看动画片的老人；还有专门辅导孩子作业、书画、手工的义工。前厅被孩子和家长们坐满，他们像在自己家一样随意自在。我怀疑是否走错了地方，不由得后退出去，再抬头看看门头的牌子，没错，就是这里——深圳市福田区沙头街道沙嘴社区党群服务中心。

◎ 沙嘴社区·亲子活动

◎ 沙嘴社区·党员市集活动

穿过前厅，在一间摆着三四张办公桌，比较拥挤的办公室里，埋首在最后一张办公桌的便是沙嘴社区党委书记黄节，他的办公桌侧边墙上贴着一张沙嘴社区分布图。

黄节书记，中等身材，有着精干威严的军人气质，38岁，湖南常德人。中南大学机械设计制造及自动化专业毕业，曾在驻港部队服役八年，经过组织考察，从深圳市福田区规划土地监察事务中心抽调上任沙嘴社区党委书记，在沙嘴社区工作不足两年时间。

黄书记聊起沙嘴社区，滔滔不绝，对社区的工作了如指掌，如数家珍。别看这样一个不显眼、亲民又接地气的沙嘴社区党群服务中心，自2006年成立以来，他是第五任党委书记。一套班子，53名工作人员，管理着社区党群工作和社区居委会工作。根据社区"一委六线"组织架构体系，分为党建工作组、综合协调组、民生服务组、综合治理组、网格管理组、应急执行组共6个组，分别对接福田区沙头街道办的相应管理部门。每个班子委员带领下边几个专干分工协作，负责完成社区的各项工作，管理沙嘴辖区城中村308栋农民楼，绿景红树湾壹号、好景豪园、尚悦府、蓝湾半岛4个花园小区，还有购物中心、写字楼、1个酒店、2个公办幼儿园，等等，面积0.23平方公里，包含红树林区域0.61平方公里。截至2024年4月，常住人口1.3万户，2.76万人，其中户籍人口0.78万人，原住居民1150人，流动人口1.8万人，外籍人口86人，退伍军人83人，有23个党支部，321家企业，501家店铺……其中，有大型企业诺德公司深圳总部、尚美集团全国总部入驻，还有对面属地的红树林生态公园、穗莞深城际轨道福荣路标段的地下隧道工地……

社区目前的活动场所包括：社区观影大厅、社区图书馆、长者综合服务中心、多功能室、沙嘴文化广场、灯塔自习室等。

沙嘴社区党群服务中心的新址将设在绿景红树湾壹号群楼的三楼，1500平方米，新场地装修完工在即，很快可以投入使用，将会发挥更大的党群服务功能。

◎ 沙嘴社区·党员大会

"上面千条线，下面一根针"的忙碌社区

黄节书记是2022年5月份到任沙嘴社区，熟悉社区工作的过程并不易。当时正是非常时期，这期间白天忙着检测工作，晚上焦急地等待结果，有一些居民的特殊情况、突发情况更是此起彼伏，社区工作无小事，都需要安抚协调处理。

经历了非常时期，他第一个感觉就是社区基层工作真的是很辛苦，更加理解社区工作的繁杂琐碎和不易；第二个感觉就是在党组织的领导下，整个基层的凝聚力和战斗力很强。"当时努力到自己都被自己和社区工作者们所感动"，讲到这里，黄节书记用手抹了抹脸，然后郑重地点点头，仿佛是给自己和社区工作者们一个肯定和认可。

两年特殊时期过后，工作就更忙了，之前是工作压力大，神经紧绷，容不得半点闪失。回归到正常工作后，工作就更加饱和，延误的账要补，落下的工作要完成，最主要的是要尽快与社区居民建立良好的沟通和信任关系，通过开展一些丰富多彩的社区活动，丰富居民的业余文化生活，促进党群关系。

社区主要的工作是：日常的居民服务、信息采集、环境卫生、矛盾调解、治安问题、店铺经营、改造建设、投诉处理等等，还有更重要的社区党建工作、社区发展规划、社区活动组织、资源整合、与政府部门协作、团队管理、民意收集与反馈、社区宣传、应急处置……各种事，无论大小巨细，都需面面俱到。

社区工作的日常，就像是茂密的榕树叶一样细密浓稠，谁干谁知道。"上面千条线，下面一根针"说的就是社区工作的庞杂琐碎。社区是社会的缩影，是党组织的"神经末梢"，每一个社区成员都是社会大家庭的一员。往小处说，社区工作关乎居民的日常生活；往大处说，社区工作关系到社会的和谐稳定，关系到党在群众中的威信。

"小巷总理"的蓝图

沙嘴社区按照总体"一年开局起步、三年初见成效、五年显著变化、十年根本改变"的目标规划蓝图开展工作，初步完成了"景观十民风"和"四园一道"的雏形。策划社区16个项目，正在逐一实施，年底落实完成。持续问卷调查民意收集，入户走访超过常住人口40%。运用企业助力"百千万工程"七种模式，助推9个项目，撬动社会资金64万元。

党委班子充分发挥老党员的作用，抓好党委提质增效和支部赋能工作，开展了15场"银发讲师堂"活动和23场"技术分享会"，提升支部活跃度，增强凝聚力。此外，党委班子筹划开展红树林初心之旅、红色老兵来报到等一系列的党建活动。

沙嘴社区党群服务中心的新址要建设成什么样子？从设计、装修施工到完善运营团队，敲定方案，方案实施过程中，社区与沙咀实业股份有限公司又要开会协调、多次沟通。

黄节书记除了日常的工作和开会，更多的时间是穿上红马甲下沉到社区里解决问题。在社区各处走走转转，看看社区有什么需要改进完善的地方，有什么安全隐患、卫生死角，有时停下来与村民闲聊几句，听取他们的心声，回应他们的诉求。黄节书记经常走进企业和店铺，了解经营状况，帮助解决困难，同时也了解企业有什么资源可以与居民对接服务，实现资源共享、互惠互利。

"三防"天来了，台风、暴雨等天气，社区组织沙咀实业股份有限公司与小区物业、工地对接联动检查，确保万无一失。

…………

难怪社区书记有"小巷总理"的美称呢，这些只是他们工作的一角。书记带领团队像一粒粒种子一样，扎根社区。他慧眼发现、思考改进社区的民生微小事，向上争取政策、资源、资金扶持，让社区有更好的发展变化。

◎ "学思·践悟·护红树"党建活动（活动现场）

◎ 中国共产党的奋斗历程和优良传统
　　——新时代红树精神的继承与发扬
　　（活动现场）

◎ 绿景佐阾红树林首届公益生态跑（出发前）

◎ 老村长讲村史（活动现场）

给社区居民的生活加点"料"

社区党委考虑更多的是如何给社区居民的生活加点"料",给社区居民以文化精神生活的滋养,引领社区积极向上向善。社区团队同心助力,精心策划了一系列精彩纷呈的活动:

春节期间在沙嘴文化广场,开展"龙行龘龘迎新春,沙嘴年味润人心!"沙头街道党员服务市集火热开市活动。围绕政策服务、便民服务、文化宣传、趣味运动四大板块,设立7个摊位,"书记面对面,党群心连心",书记解答居民的疑问、现场回复诉求,别开生面的"梅花桩舞狮"为居民新年开个好彩头,"对话百千万,过个安全年""研游福田,童创未来""党员活动,有您更精彩"等创新服务形式,为社区居民开展一场又一场别开生面的社区活动,和居民共同度过充满传统文化氛围的春节,大力提升居民的获得感、幸福感、安全感。

社区党委以党建引领"百千万工程",共绘沙嘴幸福篇章!面向沙嘴社区,聚焦民生重点,缓解民生痛点,为群众办实事,全力打造社区幸福工程。

发挥党建引领作用方面,社区协同沙咀实业股份有限公司开展党支部"候鸟行,沙嘴畔,红树情点亮候鸟迁徙星级驿站"租户迎新系列活动,共建宜居家园,共叙红树精神。打造星空下沙嘴街市及多场景"云际·天边"邻里节系列活动。

利用资源整合,社区把辖区希玛林顺潮眼科医院、南北药行、深圳善贝口腔等企业集中起来为居民义诊,开展爱眼、爱牙活动,摊位上挤满了问诊的居民。

社区还把企业懂电脑、家电维修的年轻人组织成社区义工团队,为年长居民提供上门维修服务。

沙嘴社区党委率先在社区开展"七走三问"工作，定期走访辖区里的老、弱、病、残、孕、党员、退伍军人，通过调研走访、问卷调查，问计于民、问政于民、问需于民。根据他们的特殊需求，定期上门服务，有针对性帮扶解决他们生活中的难题，给予他们定向的关爱、温暖，打造沙嘴社区居民全方位的幸福工程。

还有很多党建活动、沙嘴社区环境清洁日活动、"科技服务公益行动"党建共建项目、老村长讲村史、"三进三个一"系列安全活动、"百千万工程"专题学习会议、"学思·践悟·护红树"党建共建活动、趣味运动会、三八节主题活动、"青春有信仰，行动有力量"五四青年节主题活动、红树林首届公益生态跑……在辖区建"求职角""相亲角""爱宠角""租赁角"等宣传阵地，还有"爱宠物选美比赛""爱宠运动会"等一系列丰富有趣的活动。

党员市集活动频频开花，这些活动别开生面，深受居民的喜欢，参与度空前高涨。

◎ 党员市集政策讲解

◎ 消防应急演练活动

◎ 沙嘴社区党委与华润万家东部联合党支部
　　助力夜摊经济

◎ 沙嘴社区新时代文明实践站
　　公益便民服务活动

网格员的 辛勤守护

下午五点左右的沙嘴社区，白天空旷寂静的沙嘴文化广场开始喧闹起来，孩子们在广场一角的儿童乐园里攀爬嬉戏。

华灯初上之时，早上被地铁、大巴、车流抽走，分散在附近保税区、天安数码城、车公庙的上班族们，如倦鸟归巢，从社区的各个卡口开始回流，鱼贯而入。比起早上的行色匆匆，慌里慌张，此刻的年轻人卸下盔甲，有了疲惫、放松的状态，路过店铺不忘捎带一些蔬菜美食，城中村街巷中各家店内聚拢起进进出出、热情温暖的烟火之气。

沙嘴人的"嘴"是最有福的，很多人来沙嘴就是为"嘴"慕名而来饱口福的，嘴上吃的功夫了得，这里有各种特色餐厅和小吃店，走几步，目之所及的茶餐厅就有翠旺酒楼、匠心点心、茗星坊、开心港、港泰、港荟等至少8家。社区里有购物中心、超市、咖啡店、鲜花水果店、服装店、药店诊所、理发美容店、养生足浴店等等，应有尽有，各种生活服务所需，足不出村便能随心满足。

所到之处，或广场人群中，或街角处，或店门前，时不时会闪现出印有"沙嘴社区"字样的红马甲，像是街巷中开出的一朵一朵流动的小红花，点缀其间，特别醒目，这红色给人温暖，成为社区的一道风景。

没错，他们正是活跃在沙嘴社区的网格员。

网格员，是最近几年一个新的职业名，类似于之前的城市协管员。现在的网格员是综合网格，什么都管，哪里有需要就出现在哪里，如党员摸排，举办党建活动，检查楼栋治安，检查消防设施，检查居民用电、用火、用气安全，维持环境卫生，制止乱停乱放，进行商铺和住户信息采集，进行经济普查，等等。

据黄节书记讲，沙嘴村共有308栋农民楼，每栋楼都有楼管，都有网格员，社区有32个网格员，每个网格员与楼栋长配合，大概管10栋农民楼，在火情处置、矛盾调解、精防、协防等方面发挥重要作用。

2024年3月，网格员巡查时发现村内一名走丢的3岁男童，把孩子的照片发至楼栋长群，楼栋长立马在群里回复男童居住楼栋房号信息，仅用3分钟，孩子就找到了家人。

据网格员谢桂红介绍，他是2019年通过考试，分配到沙嘴社区做网格员的，在沙嘴社区工作已经五年时间。他们的工作连着千家万户，一般每天在居民相对集中的下午、晚上开展工作，他们各自有分管负责的楼栋，上门采集商户和住户的相关信息，登录上传到网上的采集系统；同时也负责每栋楼房的用电、用火的安全，消防治安，环境卫生，食品安全，三防工作，居民投诉，装修改造等各项与居民生活息息相关的工作。每天巡查，发现问题，解决问题，实现"人在格中走，事在格中办"，对当时解决不了的，立即上报信息。时间长了，居民形成了对网格员的依赖，有什么事情，第一个想到的就是网格员，甚至居民的私人事情也找他们，比如：患病买药、办理居住证，孩子入幼、入学的事情也找他们办理和咨询，他们也乐意帮忙办理，就像辛勤的小蜜蜂一样，默默为社区居民奉献。网格员收集上报的居民诉求，没有及时得到解决的，网格员需要亲自跟进，负责督促协调处理。

现在，社区有了网格员的日常动态巡查和入户信息登记等工作，让不法分子无处藏身。难怪，以前经常发生的偷盗、抢劫等治安案件，现在几乎为零。

网格员是社区一方安宁的守护者，是社区开出的平安和谐的网格红花。

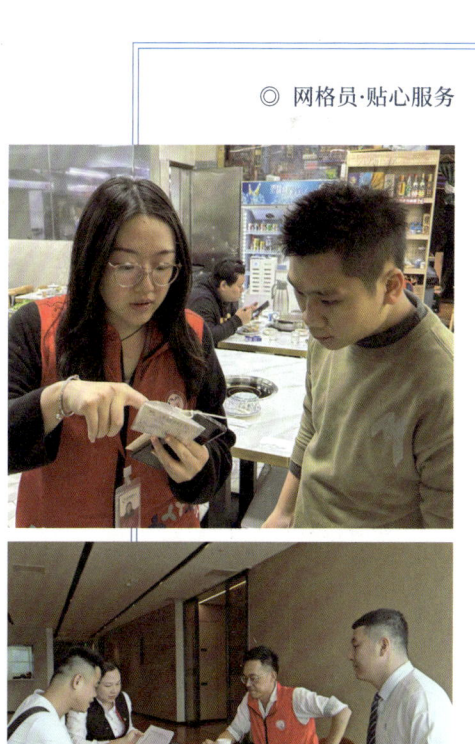

◎ 网格员·贴心服务

◎ 福田区沙头街道党员服务市集演出现场

◎ 「亲子插花」展示

◎ 「五老」志愿者叶碧霞讲座

◎ 佐邻商场包饺子

老幼共托的温馨家园

为让社区"老有所养,老有所依,老有所乐,老有所安","幼有善育,学有优教",在沙头街道办的支持下,沙嘴社区在有限的场地,想尽办法为社区居民的老人和孩子们提供一处大型的活动空间。寻找与第三方机构合作,合力打造聚焦"百千万工程",助力"一老一小"服务提升的沙头街道沙嘴社区一老一小示范点,实现"老幼共托"的梦想。

社区的长者们与幼儿每天有时间在一起互动，投篮套圈、积木搭建、绘画涂鸦等益智游戏为常态活动，欢乐的歌声舞蹈让长者与幼儿在共娱的过程中实现情感互补，老人会教孩子孝道，孩子给老人带来温情和寄托，共享天伦之乐。尤其是有认知症的年长者，自从和孩子、工作人员互动后，认识改善了，每天都积极主动参与活动。"一老一小"其乐融融，欢笑在这一方天地荡漾，看着老人绽放出的花朵一样的笑颜与孩童纯真的笑容，老人们的子女和孩子们的父母都特别欣慰。

随着沙嘴社区张伟茹副书记的介绍，走进宽敞明亮的幼儿活动空间，软包的环境，各种孩童的玩具、图书绘本、小桌子、小椅子、可爱的装饰教具，应有尽有，一个个幼儿们在这里接受早期教育。再往里就是长者综合服务中心，有两间很大的养生保健工作室，内设多个养生床、养生舱，还配备有专门的保健服务人员。中间有一个娱乐厅，有20多位老人坐满整个棋牌娱乐室，大多数是健康的耄耋老人，他们互相结伴，打牌下棋、叙旧聊天、运动娱乐，晚年生活非常充实快乐。

今年86岁的陈广珍老人，是沙嘴社区第一党支部一名有着51年党龄的老党员。老人三年前一直居住在沙嘴社区，因身患重疾行走不便，常年与轮椅为伴，成为社工的帮扶对象，在一些传统节日和平时探访中，社区工作人员都会重点关注陈广珍，经常到她家里为她提供一些帮助，有时教她操作家中的电子产品，有时为她买一些需要的药品。老党员经常为社区工作人员带包子，最多的时候有一百多个，都是她自己在家包的。老人现在由于家庭和身体原因，不得不搬至龙岗区与儿子一家居住，沙嘴社区开展主题党日活动、七一党员大会的时候，陈广珍老人坐着轮椅从龙岗来到福田沙嘴，奔赴组织之"约"，老党员的这份信仰和对沙嘴社区的深情厚爱让人打心眼里敬佩。

原住村民中，有很多年轻人已经搬去花园里居住了，但是年长的老人还是更愿意留在沙嘴村里居住。他们看着这里一步一步变化，社区营造幸福欢乐的"一老一小"活动中心，切实让老人们感受到社区的关爱和温暖，莫道桑榆晚，为霞尚满天。想必，这也一定是老人们留恋沙嘴，舍不得离开的其中一个重要原因。老人们都说：这里的"老幼共托"和长者服务中心是他们理想的天堂所在，生活在这里，处处感受到幸福和温暖，外边再好，也比不过沙嘴社区呀！

这就是沙嘴社区党委左手拥抱夕阳，右手托举未来，稳稳托起沙嘴社区的"一老一小"开出的幸福之花。

螺蛳壳里做道场

社区一直在考虑，针对城中村绿化不足的现象，如何在螺蛳壳里做道场，如何在有限的范围内、在旧改项目中，挤出公共休闲绿地，让社区焕发出一点绿色生态的鲜明底色。

2024年初，社区在沙嘴牌坊进门右边建了一个家风公园，社区搞好了前期的基础建设，沙咀实业股份有限公司2024年出资在家风公园里丰富完善一些渔村文化的历史元素，相信建成后，对子孙后代具有历史教育和传承的意义。

社区准备2024年在沙嘴路边好景豪园外，建一个1300平方米的童乐公园，为社区的孩子们拓展出一个更大的户外玩乐的新天地，以盛满社区更多孩子的欢笑。

在新建完工的尚悦府，建设一个4000平方米的喜悦公园，其中的"喜事林"正在设计完善中，届时将为二期商业引流助力，打造民风新势能。利用欧氏祠堂、洪圣宫、沙嘴文化广场等独特民风的地标，精心设计古风营地、喜事林、万人大盆菜宴等民众参与的民风活动。家风公园、喜悦公园、童乐公园，进一步连通红树林生态公园和福荣路绿道，形成"四园一道"绿美、健康生态景廊。这一景廊打通后将成为集科普教育、运动健康、童乐童趣、法治家风、喜悦之约等系列主题的活动阵地，让社区居民踏青无须远足。

喜悦公园！喜事林！多么美好的创意呀！打造成市民参与的喜事打卡地。市民有好事、有喜事、有值得纪念的大喜之事，都可以到沙嘴

村的"喜事林"里来种树,或者是捐种一棵有纪念意义的树,种在红树林里,或以许愿牌的形式挂在喜悦公园的"喜事林"上。

工作生活处于快节奏中的深圳人太需要这种正气、喜气的冲击和感染了。想想"喜事林"里喜事飞临,结婚之喜、生娃之喜、红榜之喜、升迁之喜、乔迁之喜……各种喜事在此奔走相告;各种字体的红色大双喜龙飞凤舞,在空中喜乐飞扬;一切与喜事相关的物件色彩都在这里表达;红色百喜墙、红色喜字图腾……所有的美好喜事都会奔涌而来,所有的开心快乐都会与人撞个满怀,让人喜上眉梢、喜上云霄、喜出天际。哈哈!都迫不及待地想去喜悦公园里蹭点欢乐、沾点喜气了。

沙咀实业股份有限公司已经确定,于2025年3月在新开盘的尚悦府广场,搞一场"万人大盆菜宴"活动。张张圆桌如百花盛开。在蓝天白云映衬下,在新欧氏宗祠的注视下,村民们吹着悠悠的海风,就着淳朴的民风,和着飞扬的喜悦,互相推杯换盏,举杯共庆,围坐在一起吃大盆菜的盛大场景,该是多么壮观和震撼人心呀。

这些都是助推沙嘴社区美好升华的引擎,是"绿美沙嘴"开出的喜悦之花。

◎ 沙嘴大盆菜宴

村城记·沙嘴故事

◎ 沙嘴大盆菜宴

一切福田，不离方寸

"走，我们一起去灯塔自习室。"

这是沙嘴社区的孩子们放学以后，呼朋唤友，结伴而来的地方。他们在灯塔自习室里学习、书写作业、读书交流、预习功课、聆听讲座，对孩子们搞不懂的题目，灯塔自习室配备了专门的公益老师辅导。完成学习的孩子被允许看一会儿动画片，这里还可以帮助孩子发展更多的兴趣爱好。

这是社区党委针对城中村外来人口多，家长工作比较忙、工作压力大，无暇顾及孩子的学习辅导，为小朋友服务、帮家庭省心，利用办事厅创设的"灯塔自习室"。

黄书记讲：之所以叫灯塔自习室，是因为灯塔给人以希望和归宿之感，是照耀人前行的动力；也源于沙嘴村的前身是渔村，渔民从海上回到岸上全靠灯塔指引；学习到的知识、智慧，亦如灯塔一样，是照亮孩子们人生道路的明灯。想到做到，说办就办。沙嘴社区场地有限，那没有条件创造条件也要办——把社区原来进门处的办事厅腾出来供孩子们使用。

未来的灯塔自习室在新址党群服务中心群楼三楼，自习室将在面对沙嘴村方向的最好位置。沙嘴社区努力把自身打造成为一个供孩子们学习、有琅琅书声的学习型社区，孩子们在这里形成互帮互学、以大带小、你追我赶、自觉自律的学习氛围，在这个大集体里，所有的孩子都能得到正能量与积极、阳光的正面引导，保持身心健康，使家庭亲子关系和谐融洽，让家长们无后顾之忧，有更多的精力投入工作和事业中去。

◎ 灯塔自习室

目前，社区共招募17名青少年和11名家长组成班委会和家委会，累计服务青少年733人次，帮助67个家庭解决孩子照看难题，缓解家长育儿矛盾，开展中华礼仪系列课程，累计开展14场"岁月的故事"及"传承的温暖"系列活动，筹划暑期夏令营，为来深建设者提供孩子照看及成长空间。

这是一项功在当代、利在千秋的大好事情。若干年后，从灯塔自习室里走出来的孩子们，无论走到天涯海角，都将永远无法忘怀灯塔自习室对他的指引。灯塔自习室将成为沙嘴社区标志性的文化活动场所，是沙嘴社区自习室里开出的灯塔之花。

问及现在沙嘴原住居民年轻人的现状，黄书记说，现在的沙嘴年轻人，有知识、有文化、有理想、有创意，并非传言中的赋闲在家，靠收房租躺平、过上安稳享乐的一生，他们更多的是根据个人喜好选择工作、创业和经营生意，比如：有的在沙咀实业股份有限公司工作；有的承包楼宇升级改造成公寓，对公寓实行智能化、规模化管理的物业公司模式运作；有的成立法律咨询服务公司；还有的在村里开创客咖啡馆等，经营各种特色店铺。他们敢于突破自己，不断在社区开出创业之花，在各自的领域和岗位上发光发热。

2023年，深圳市福田区沙咀实业股份有限公司邀请著名诗人、摄影家搞了一次"诗意福田·'美丽红树·海滨沙嘴'著名诗人走进福田采风活动"，共同领略海滨沙嘴的独特魅力，今年出了一本作品集，让社区开出了诗意影像之花。

一切福田，不离方寸。沙嘴社区党委为社区民众谋福祉的用心，无论是不经意的灵感闪现，还是深思熟虑的策划，都体现在他们连绵不断的创意活动、创新项目中。黄节书记，在社区里浸润出了铁汉柔情的底色，在部队是铮铮铁汉，在社区是温情暖男，体现"咱当兵的人，就是不一样"的好男儿本色。

从沙嘴社区党员市集活动的频频开花，到街巷中开出的网格红花、托起"一老一幼"开出的幸福之花、"绿美沙嘴"开出的喜悦之花、自习室里开出的灯塔之花，还有年轻人的创业之花、红树生态的诗意影像之花……种种举措，惊艳沙嘴，让商场和村内铺面出租率由76%提升到98%，房屋出租率由70%提升到95%，租房纠纷率从17%降到6%，群众诉求工单满意度由95%提升到98%，居民对"百千万工程"整体满意度由65%提升到93%……

朵朵繁花，助力蝶变，是沙嘴社区党委和各方合力给社区居民最扎实、最温柔、最贴心的一抹重彩，开启沙嘴社区花样年华的美好画卷。

◎ 沙嘴社区创意活动图片集锦

岁月的篮球场

◎ 谢湘南

◎ 沙嘴村第一支篮球队（1948年）

身体的弹簧触发了
一群少年在球场上奔跑

今天，他们依然少年
木质的目光穿透了时间

身影虽已发黄，可朝气
仍在散发

笔挺队服的褶皱中
青春的汗味溢出一种争夺

阳光与海风一同拍打篮球
跨栏　上栏　投掷　得分

他们集结全村的荣光
跑过岁月的篮球场

城中村

◎ 冷富春

◎ 左旧楼·右新楼

以某个路口为分界线
往外，是繁华的城
往里，是安居的村
同是一批人，独拥两座城
他们在城和村中切换
手持百年星火
向前进。向前进

盛年与记忆

◎ 阮雪芳

时光清澈如水，往回走
炮楼，晒谷场，水井
围门，放学的孩子，摘菜的女人
自行车铃声和黄狗的叫声响起……
扑面而来的轻烟，不须问的乡思
在这里停驻
转瞬即逝又重来的命运
良善与耿直，勤劳与果敢
金子矿脉般的卑微与高贵
——多少个世纪

沙嘴·花样年华

荒草没入阳光，乡音追着流年
你喜欢的事物仍在原地
昔日的烟火，追着今时的脚步
一次次走出时间，生活如甜熟的果实
弯向大地
对应的梦境相互问候
在记忆的深处
古老的村庄，繁华的城市
一样是你的盛年——

◎ 沙嘴旧村全貌

丰 碑

◎ 天河

◎ 沙嘴牌坊

一座牌坊
伫立成一座丰碑
不需要张扬
不需要深圳河口的风吹
北岸　北岸
一个延绵了近七百年的村落
名字叫——沙嘴

沉静　反衬着身后的繁华
一丝淡然
源自明朝洪武元年的河水
一座牌坊
俨然站成了一座塔　一座凯旋门
沙嘴人所有的回眸与张望
都荣耀了这座丰碑

畅 想

◎ 罗立国

老宅拥在一起。温暖，低调
时空的经纬穿越历史
也穿越现代气息

天，持续地蓝
山隐匿在山旁瞭望
金黄，在天地间握手
湾水的色彩
源于太阳的慈祥

高楼包裹的村庄
请受我一拜
永不沉睡的绿色，躲在村庄背后
挽万缕轻风
书写新鲜畅想

◎ 红树辉映沙嘴村

新房子就要将它们淹没

◎ 谢湘南

在沙嘴,我曾见过这样的老房子
曾以租客之身
在其中游弋
它们像一个个存储器
将不同带电的身体
演绎成青春的沙场

多么年轻,不论男孩还是女孩
记忆的碎片曾将它充斥
打工人与房东都历经
时光的氧化,将其视为
精神的遗产

新房子正在建筑
一排排崛起的高楼
正要将它们淹没

◎ 沙嘴旧村(东头村)

◎ 沙嘴村第一批个人承包鱼塘

金色的水脉穿过大地

◎ 阮雪芳

早晨的无数个白天
一张网的无数次触及
未勾勒的面容藏匿清晰的身姿
那个果敢尝试的人是谁
金色的水脉穿过大地

春风中未竟的事物
清凉跃动炽热的力
奔跑过时代的人都有沉稳的身影
往昔爱你的温馨宁静
和谨朴的天性
如今爱你的繁华喧闹
人间烟火
以深广的水域缓行而至

经年
当命名成为语义与典藏
风景成为美好的记忆
一张网向上扬起
你熟知它捕获的季节
如星光涌向水声
潜行的大鹏游向深海

一半海一半城

◎ 天河

一半是海　一半是城
一半是梦　一半是诗

沙嘴的南面是红树
红树的南面是河口
河口的南面是海湾
海湾的南面是天际
一切都是现实　一切都是历史

◎ 一半海边一半城

沙嘴的北面是琼楼
琼楼的北面是街市
街市的北面是乐园
乐园的北面是穹宇
一切都是画卷　一切都是诗意

一半是固守　一半是崛起
一半是回望　一半是希冀

舞 者

◎ 冷富春

◎ 起舞广场

这些华美的舞者
步履轻盈。她们用一截彩带
把历史的进程,融入韵律
她们挥洒自如,捕捉
春风的足迹。奋斗的鼓点
这些新时代的舞者
以舞养生,拨动幸福琴弦
让文明新风,节节攀升

◎ 星球沙嘴

绽 放

◎ 罗立国

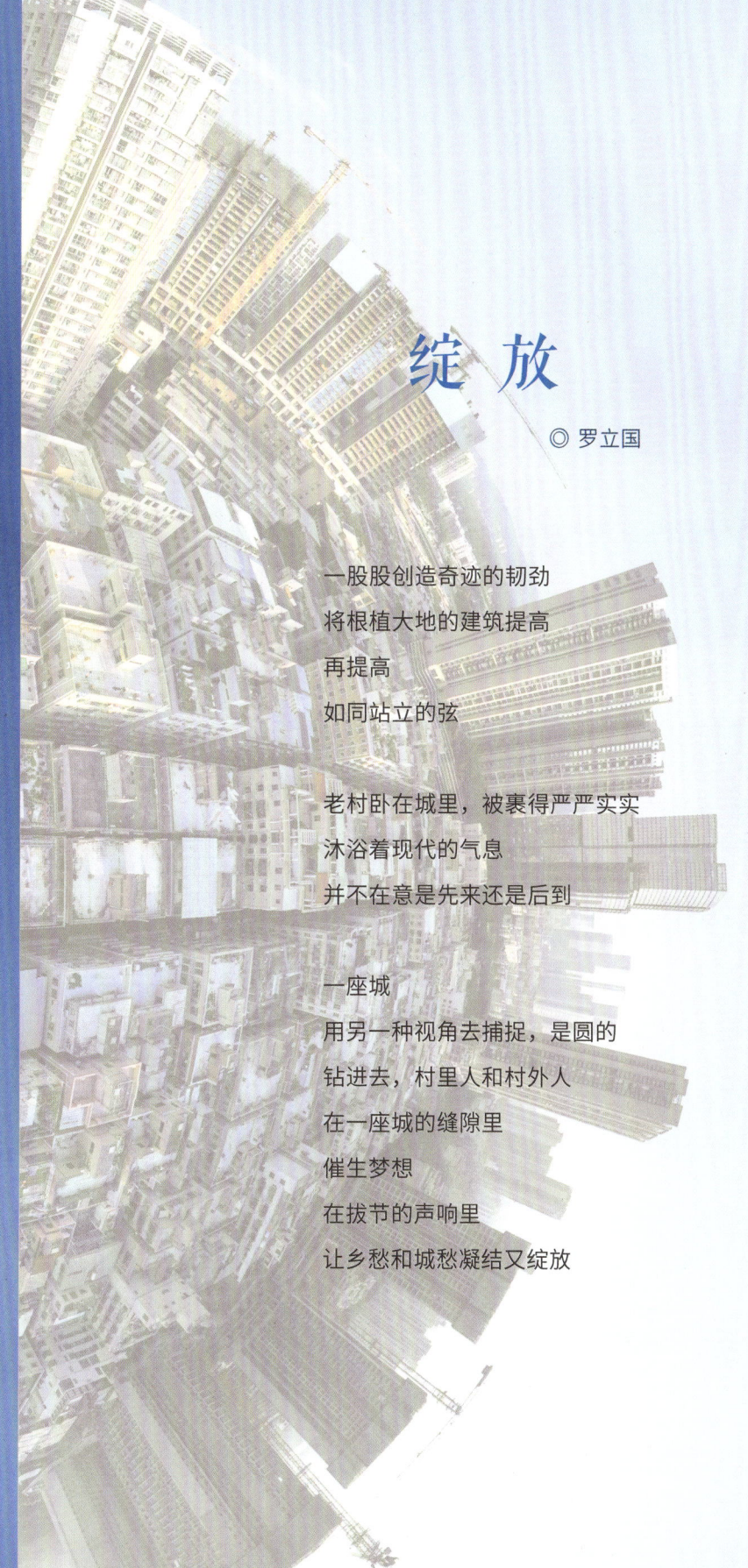

一股股创造奇迹的韧劲
将根植大地的建筑提高
再提高
如同站立的弦

老村卧在城里,被裹得严严实实
沐浴着现代的气息
并不在意是先来还是后到

一座城
用另一种视角去捕捉,是圆的
钻进去,村里人和村外人
在一座城的缝隙里
催生梦想
在拔节的声响里
让乡愁和城愁凝结又绽放

浪 潮

◎ 谢湘南

大地上的新事物，村集体变身为
股份公司，喜气在蔓延
改革的浪潮正在命名一场庆典
日光下，花篮负责传递微笑
孩子们组成仪仗队
热烈些，再热烈些
用奋力的击打与鼓声
为崭新的股东加冕
春风吹开的门庭
涌动出好奇与打探
舞狮队牵引着目光
那将要飞腾的身姿
如同开放的热潮
一浪高过一浪

沙嘴·花样年华

◎ 沙咀实业股份有限公司成立庆典（1992年）

村城记·沙嘴故事

少年，少年

◎ 阮雪芳

◎ 沙嘴村少儿篮球队（沙嘴之星）

那不是生命的跑道，不是生活的赛场
那是大地延伸种子脉动
那是沧浪之水瞥见水滴的芽苗
错落明亮地奔涌

是满天星辰加快了速度
是拉满的弓吹过风的耳朵

小小的，疾速的闪电，在春天奔跑
小小的，银色的鱼群，从水中跃起
小小的，灵动的麋鹿，在原野跳动

少年，少年，当你起跑
带动的是无数个自己
无数场快乐阳光的奔赴

少年，少年
当你们起跑，精彩的世界在手中传递

沙嘴之眼

◎ 天河

一处不大不小的广场
不管是否冠以"文化"之名
都已成为沙嘴之眼
沙嘴之魂
有了她的张望
天空多了一丝蔚蓝　也多了一双
青睐的眼睛

沙嘴之眼
穿透历史　从七百年前的深圳河口
看向港湾　看向南海　看向大洋
所有的传承
都在这一眼之间
定格为故事
定格为传奇

沙嘴之眼
未来之眼
光与影　虚与实　梦与诗
斑斓而璀璨
盛世的华光几度在此漫过
因为始终仰望未来
未来也在不远处　等待

◎ 光耀沙嘴文化广场

沙嘴·花样年华

村城记·沙嘴故事

家 园

◎ 冷富春

蓝天蓝，白云白
潮头听涛。忆往昔沧海桑田
看今朝花香溢满庭院

我和鸟儿置身其中
它用鸟语，我用情诗
吟唱我们的家园

◎ 春暖花开

◎ 走进社区

投 入

◎ 罗立国

每张脸认真的样子
鲜活的画面，被镜头锁住
投入，错落有致

定格的表情
难以切断全心的投入
互动背后，难以觉察喧嚣与干扰
有一种投入
能盛放被感动的欣赏

鲜嫩的手指编织彩色的梦
明天的飞翔，
是此刻的投入丰盈了翅膀

碉楼在望

◎ 谢湘南

高过屋顶的是碉楼的守望
在那些低矮的屋檐下
出海打鱼的人
晾晒丰饶的相思

穿透相纸的是碉楼的守望
天空已然模糊，黑亮的窗棂
封存低语与倾谈。劳作的
果实，穿过南风的吹拂

抵达街巷深处。正在炙烤的
娘酒，让村庄浮在酒香里
一声长长的汽笛让空气骤然紧张
村前村后的绿色弥合了伤痛

远方的消息跟随暮色降临
碉楼在望，开山炮已响起

◎ 沙嘴西头村旧貌

城市一隅

◎ 阮雪芳

是时候，阳光明媚
如白鹭归来
藏匿不住融化的春色

是时候，在空中楼阁
筑建起童话乐园
嬉戏的孩子，从容的爱人

日子在一张帆与另一张帆
之间流转
匆促的生活有了深度
安静的港湾
有了心灵一隅

花与树轻轻投落影子
一杯茶温热
一些问候到来
带着不可说的喜悦
等待
——未知的世界静静驶入

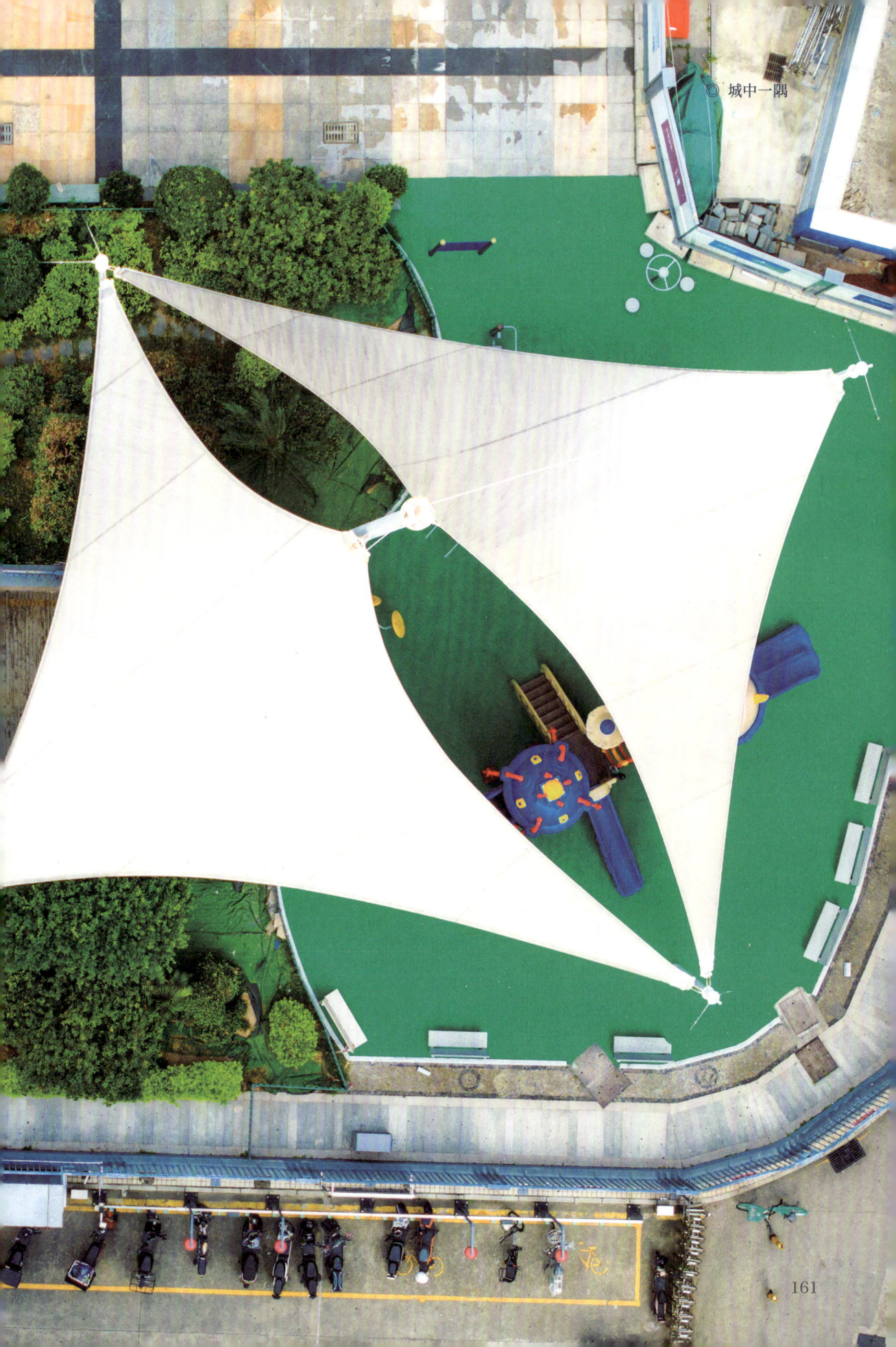

◎ 城中一隅

村城记·沙嘴故事

崛 起

◎ 天河

◎ 沙嘴村旧改项目红树湾壹号

崛起　总是新对旧的继承或否定
总会在古老的大地上
铺陈崭新的土层

新　总是最鲜明特征
新的视野
新的高度
新的理念
新的征程
沙嘴一栋栋新的楼宇
面朝大海　崛起了新的雄心

新的天际线还在长高
深圳河口的风紧紧将它簇拥
新的蓝图
新的眺望
新的企盼
新的钟声
而这一切
仿佛仅仅完成在　一个清晨

金沙之嘴
吞吐的历史与崛起　黄昏与黎明
在右岸　做了最好的印证

◎ 福田围村风情季

光 源

◎ 冷富春

满屋子的温暖，在流淌
光芒向外射出，朝我奔来
让我心净。让我心动
她们明珠般发亮的眼睛
让屋子进一步升温
这颗温润的新米，被包裹起来
里里外外，都在发光
像太阳站在树尖儿上

◎ 欧氏宗祠封顶仪式

虔 诚

◎ 罗立国

每一份供品,都附着一份虔诚
每一炷香火
都在诉说一份心境

粗壮燃烧的香火
多像先人开荒的火种
眼神一致
站成一排
深思人世的章节
手握手,肩挨肩,虔诚得恰到好处

一把刀
集体握住又落下
无瑕的眼睛,带着虔诚的重量
你们仰望先人
后辈追随你们

欧 歐

沙嘴·腾飞
CHAPTER FIVE

◎ 打造绿色生态的现代化社区

打造绿色生态的现代化社区

● 欧凤香

深圳四十多年来的发展速度，超乎世人想象。从一穷二白的小渔村到繁华的都市，这期间凝聚了多少人勤恳开荒、不断耕耘的心血和付出，深圳市沙咀实业股份有限公司不仅见证了深圳的这一城市化进程，更承载了原居民对家乡发展的殷切期望和梦想。随着城市化的加速，该公司作为城市中的独特实体，其改造与发展的问题逐渐凸显。复杂的社会经济结构和空间布局为城市发展带来了诸多挑战。这里不仅容纳了大量城市流动人口和原居民的生活，还面临着治安、环境、基础设施等多重挑战。然而，这些挑战也为这片区域的未来规划与蓝图提供了无限的可能性。因此，对这片区域进行科学合理的未来规划，打造更加宜居、活力、生态的现代化城市社区，对于城市的整体发展和社会的和谐稳定具有全局性的意义。这不仅是对沙咀实业股份有限公司的期待，更是对整个深圳城市发展的期待。

◎ 沙嘴村

改变现状　勇于变革

　　1992年起，福田区率先进行了村转股份公司的改革，深圳市沙咀实业股份有限公司成为深圳市第一批股份制公司。据不完全统计，深圳原居民总人数约为56万人，其中股民29.85万，新生代20万（指无股份的娶进的媳妇和所生育的子女等）。此外，始自民国，流散到香港的超过40万人，在海外人数近100万人。而深圳市的股份合作公司，包括社区级和村民小组级股份合作公司，动态保留在960家左右，掌握着数万亿资产，是深圳经济不可或缺的重要组成部分。深圳市沙咀实业股份有限公司就是村民小组级股份合作公司之一。这一改革使得原来的村民直接转变为股民，村委也转变为股份公司，并逐渐走向正规化。

　　从村委到公司的转变过程中，股份公司面临着这种管理难题，人才储备是公司的一个瓶颈。公司员工中大部分是本村原村民的子女，一些不太上进不愿冒险的员工没有工作动力，就是想有一份工作，待在公司有个事做，坐一坐，喝喝茶、聊聊天就一天，维护好自己的利益就可以了。他们进了公司，奖惩制度和绩效考核没法做，要完成业绩评估根本不可能，在管理制度上还是很难做到像外面企业那样。为了适应社会的竞争，股民需要适应公司的制度，股份公司需要像正常公司一样遵守上下班制度，各项制度也需逐渐规范化。公司在拓展业务的过程中高度依赖人才，没有人才的支持，公司可能无法实现期望的收益。现在公司慢慢地会招一些比较高学历的人才，在沙嘴实业股份有限公司上班的员工都必须大学毕业。为了在激烈的市场竞争中脱颖而出，公司必须依赖那些才华横溢、能力出众的员工。因此，加强对人才的培养和引进，激励现有员工走出舒适区，是当务之急。

沙嘴村在人才培养方面有着悠久的历史。与其他村庄相比，沙嘴村很早就设立了奖学金制度，对考上大学的村民给予补贴。90年代，沙嘴村还购买了校车，以便送学生上学。当时学校较少，这片区域只有福田中学和岗厦中学，学生上学路程较远，骑自行车也存在安全隐患。后来，其他村庄也开始模仿沙嘴村的做法。为了鼓励优秀人才为家乡争光，沙嘴村每年设立奖学金，并组织学生参加夏令营活动，以鼓励学生积极读书。自2023年起，沙嘴村提高了奖励标准：考上985、211大学的学生将获得5万元奖励，并每年提供交通费；考上国内

◎ 深圳市沙嘴实业股份有限公司

◎ 会议现场

排名前10的大学，奖励10万元；若考上清华或北大，则奖励高达30万元。这些举措旨在培养优秀人才，为沙嘴村争光。

自2008年起，沙嘴村的领导们便开启了一项充满人情味的传统——扶贫助学活动。他们深知知识改变命运的力量，因此每年都会精心策划并组织村民们共同参与，为那些家境贫寒但志向远大的孩子们送去希望之光。起初，这项活动资助的学生数量还只有几十人，但随着时间的推移，沙嘴村人的善举逐渐传开，吸引了越来越多的村民参与进来。到了现在，每年的受资助学生人数已经攀升至几百人，这其中还包括了和平县雅水小学的所有学生。每年的资助活动，沙嘴村的领导们都会前往雅水小学，将助学金和学习用品亲手交到孩子们的手中。他们还会与孩子亲切交流，鼓励他们努力学习，将来为家乡和社会做出贡献。这些受资助的孩子也非常珍惜这份来之不易的机会，他们努力学习，成绩优异，用实际行动回报着沙嘴村人民的善良和关爱。沙嘴村的扶贫助学活动不仅改变了这些孩子们的命运，也让整个村庄充满了温暖和希望。

深圳市沙咀实业股份有限公司90%的收入依赖于物业和土地经济。尽管公司曾尝试对外投资，如在开平设立农场和投资小型商品市场，但由于缺乏专业管理人才，商品市场已早年出售，而农场则因农业盈利困难而搁置。因此，公司在拓展其他业务方面相对保守。作为公司的核心目标，发展经济和为股民创造更多利益至关重要。如何在政府的指导下实现公司的自主发展，平衡各方利益，成为沙咀实业股份有限公司当前亟待解决的问题。

在物业领域，公司具备丰富的经验和保障。现在公司有三个旧改项目，其中物业出租收入占据主导地位。11月底，尚悦府即将交付，公司将获得7000多平方米的物业。一期项目已为公司带来7万多平方米的物业。自红树湾1期开始，公司每年的收入已超过1亿元。此外，公司与绿景合作的一个项目即将入伙，二期主要为回迁物业。然而，这些物业的租金和装修款欠款近2亿元，公司计划以2.5亿元的价格收购这些物业，以偿还村民的欠款。此举旨在扩大公司物业规模，响应政府鼓励对外投资的政策。

随着市场的不断演变和竞争的加剧，沙咀实业股份有限公司逐渐意识到拓展业务的重要性。2023年，在政府的引导下，公司开始尝试对外投资，并投资了政府引导的一个基金。这一行动不仅是一次尝试，更是公司向外拓展的一个明确信号。虽然目前沙咀实业股份有限公司的主要收入仍然依赖于物业出租和

◎ 扶贫助学

土地经济，但随着公司资金的逐渐壮大和市场环境的变化，公司也需要寻找新的投资方向和行业。未来，公司可能会考虑将部分资金用于对外投资或发展其他具有潜力的行业。同时，公司也会继续加强对人才的培养和引进工作，为公司的长远发展奠定坚实的基础。

　　目前，公司面临的最大挑战就是股份制改革。随着时间的推移，那些曾经在公司创立初期就加入的老一辈股民们逐渐步入暮年，股东会越来越少，管理层的人更是越来越少。为新一代的股民提供股份继承或者转让的机制，不仅能够稳定股民人数，还能够吸引更多的年轻人参与到公司的运营中来。这些年轻人将带来新的思维和创新精神，更好地推动公司不断向前发展。

关心民生　积聚实力

在20世纪末至21世纪初的那段时光里，这里经历了前所未有的繁华与混乱。特别是上沙、下沙、沙嘴和水围一带，灯红酒绿，夜生活如火如荼，娱乐业迎来了空前的繁荣。这种盛况吸引了海内外的众多游客前来消费娱乐，这种表面的繁华背后，却隐藏着深重的治安问题和社会不良影响。治安形势严峻，城市规划滞后，违法违章建筑随处可见，居住环境恶劣，基础设施不完善，卫生条件令人担忧，还存在严重的消防隐患。这些问题如同一道道枷锁，严重制约了沙嘴村作为城市的进一步发展。为了扭转这一局面，2007年，在政府的指导下，沙嘴物业公司应运而生，决心为这片土地注入新的活力。公司采取了一系列有力措施，坚决打击不良娱乐场所，制定了严格的管制措施。随着时间的推移，沙嘴村的名声逐渐改善，整个业态也焕发出新的生机。

时代在不停地往前，但不管形势怎么发展，风云如何变幻，沙咀实业股份有限公司始终坚守着那颗为民服务的心，将村民的福祉视为己任。将村民的利益放在第一位，提升沙嘴村的居住环境，打造宜居社区，实现绿色生态的回归，沙咀实业股份有限公司围绕这个目标在不断地努力。为了实现这一目标，沙咀实业股份有限公司与街道携手，共同致力于提升村里的环境，把村里面的治安、卫生以及其他方面服务管理好，还注重社区的绿化建设，将村口的绿地公园重新改造，让绿色成为这片土地的主色调。

在沙嘴村，绿色生态不仅仅是一种理念，更是一种生活方式。公司鼓励居民在自家门前屋后种植绿植，让绿色生态融入生活的每一个角落。随着居住环境的改善，股民自建的物业收入也水涨船高，为股民们带来了更高的经济回报。而沙咀实业股份有限公司并没有止步于此，他们深知居民的需求是多元化的，于是开始着手完善村里的现代设施。

◎ 沙嘴·绿色生态家园

为了满足居民日益增长的生活需求，政府对沙嘴村的现代设施进行完善，优化产业结构，促进经济发展。政府大力建设现代化的教育设施，为孩子们提供优质的教育资源；建设便捷的交通网络，方便居民出行；建设完善的医疗设施，保障居民的健康安全。这些举措为沙嘴村的繁荣与发展奠定了坚实的基础。

　　沙咀实业股份有限公司不断加强对沙嘴村的社区建设与治理，构建和谐社区，提升居民的凝聚力，让每一个居民都能为社区的发展贡献自己的力量。此外，公司尽量培养年轻、有为的青年，制定更完善的措施，适当给予一定的奖励，增强他们的干劲，提升他们的薪酬，甚至把一些年轻人提上重要的岗位，做一些重要的事情，发挥他们的才干，为他们提供施展才华的舞台。在这样的环境下，青年们更加积极地向上，成为沙嘴村发展的中坚力量。沙嘴村在不断地进步着，居民们的生活质量也在稳步提升，而这一切都离不开沙咀实业股份有限公司和街道的共同努力，他们始终坚持以民为本，让居民们真正感受到了家的温暖。

　　居民现在生活条件都上去了，不仅享受到了物质上的富足，更在精神上得到了极大的满足，每年的福利活动让居民们感受到了公司的关怀。无论是老人福利金、水果金，还是旅游、体育比赛等活动，都让居民感受到了生活的乐趣和温暖。刚刚过去的三八妇女节，公司就针对年长一些的长辈组织了一次旅游，五四青年节也会组织青年人外出旅游。

　　在这个充满活力的社区里，沙嘴村不仅是居民们的家园，更是他们共同守护的文化宝藏。公司深知，一个社区的繁荣不仅仅体现在物质建设上，更在于其精神内核的传承与发扬。因此，在推动社区改造与管理的进程中，沙咀实业股份有限公司开始在这里筹建文化墙，让人进村就能看到有关村里的文化历史，为村里树立形象。为了保护和传承这份宝贵的遗产，公司投入了大量的人力物力，对村里的传统建筑和文化遗产进行了精心的保护和修缮。这些历史建筑在岁月的洗礼下依然屹立不倒，它们以新的姿态焕发出勃勃生机，向世人展示着城中村独特的历史变迁和文化特色。在这里，传统与现代交织成一幅美丽的画卷。公司定期举办各类文化活动，如传统手工艺术展、民俗表演等，让居民和游客在欣赏精彩表演的同时，也能感受到沙嘴村深厚的文化底蕴。此外，一些本地的应节手工艺食品也在这里得到了传承和发扬，让人们在品味美食的同时，也能感受到浓浓的人情味和乡土气息。

在发展过程中，沙咀实业股份有限公司得到了政府相关政策法规的支持，坚定地走在推动社区发展的道路上。他们相信，只要心中有爱、有责任、有担当，就一定能够克服一切困难，为居民们创造一个更加美好、和谐、宜居的家园，实现更加美好的未来。

如今的沙嘴村，已经不再是那个默默无闻的小村庄，而是一个充满活力和魅力的绿色生态社区。在这里，民生得到了极大的改善，居民们的幸福感也在不断提升。而这一切的背后，都离不开沙咀实业股份有限公司和街道的不懈努力和坚持。他们用自己的实际行动，诠释了什么叫作真正的为民服务，也为其他村庄的发展提供了宝贵的经验和启示。

◎ 沙嘴村全貌（俯瞰）

规划蓝图　打造新社区

　　沙咀实业股份有限公司在规划和发展的过程中，始终坚持以股民和社区为中心的发展理念。团队成员们相互沟通、深入考虑，并广泛听取各方面的意见和建议，共同讨论方案的可行性及预期效果。他们实行空间布局优化：以"一心领两轴、四廊衔六区、多点共辉映"为设计理念，以社区服务中心为核心，生活主轴和发展次轴为骨架，文化景观长廊、工业景观长廊、科技景观长廊和生活景观长廊为脉络，居住区、商业区、工业区、教育区、文化区和休闲区为节点，组团中心和标志性节点为亮点。这样的空间布局不仅实现了沙嘴村土地资源的合理利用，更为居民提供了更加舒适和便捷的居住环境。

在社会治理方面，沙嘴村加强了城中村的管理体系建设，构建了社区、物业、居民等多方参与的管理格局；推动居民自治，提高他们参与社区事务的积极性；成立了社区管理委员会，负责社区日常事务的管理与协调；建立了居民议事制度，让居民参与到社区治理中来，增强了居民的归属感和责任感。同时，沙嘴村还加强了法治教育，提高了居民的法律意识和法治观念，共同维护社区的和谐稳定。

沙嘴村还注重教育、医疗、文化等公共服务设施的建设，满足不同层次居民的需求。新增的学校、医院、图书馆等设施，让居民们享受到更加优质的教育和医疗服务。同时，沙嘴村加强物业管理，确保社区的安全和秩序。

在推动产业转型升级方面，沙嘴村鼓励居民们积极投身创业，引领他们发展现代服务业、文化创意产业等环保产业，推动经济结构的转型升级。村里设立了创业孵化基地，为创业者提供了政策扶持和创业指导。同时，打造文化街区，吸引游客，促进经济发展。此外，我们还将积极吸引外部投资，引入优质企业，提升沙嘴村的产业层次和经济活力。我们引导居民转变经济发展方式，发展多元化的经济形态，以适应时代的需求。为了吸引外部投资，我们积极与优质企业对接，引入了一批有实力的企业入驻沙嘴村。这些企业的到来不仅提升了城中村的产业层次和经济活力，也为居民们提供了更多的就业机会。

在环境保护方面，沙嘴村致力于实现可持续发展。通过推广清洁能源、建设生态公园等措施，减少环境污染，保护生态环境。同时，鼓励居民参与环保活动，提高环保意识，共同建设绿色家园。如今的沙嘴村，空气清新、环境优美，成为居民们宜居宜业的理想之地。

在这里，你可以看到绿树成荫的公共绿地和休闲广场，感受到清新的空气和宜人的环境。沙嘴村注重保留城中村的历史文化特色，实现传统与现代的有机结合。同时，加强道路、供水、排水、照明、通信等基础设施建设，提升城中村的公共服务水平。拓宽的道路、增设的交通信号灯、建设的地下排水系统、优化的供电网络等，都让居民们的生活更加便捷和舒适。

沙咀实业股份有限公司在旧改和电子铺的改造方面取得了显著成果，成功提升了物业价值，完成了二期项目。然而，农场的价值提升方案仍在探索中，需要找到最佳路径。"在推进任何改变时，我们都会考虑到相关方的利益，我们需要深入考虑如何获得政府的支持，同时积极沟通，寻找改善的空间。从长远来看，资金的有效管理和对外发展是我们必须关注的核心"。

沙咀实业股份有限公司，更是以高瞻远瞩的视野，决定成立一家基金会。"这将是股份公司旗下首个慈善基金会，旨在凝聚族人的力量，共同守护我们的家园。基金会向那些在海外以及国内遭遇困境的宗族成员伸出援手，为他们提供温暖与帮助。这不仅仅是一种物质上的支持，更是一种精神上的慰藉，让每一个族人都能感受到家族的温暖与力量。让我们共同期待这场盛宴的到来，期待祠堂的重建，期待基金会的成立。这些都将是我们宗族历史上浓墨重彩的一笔，也是我们族人团结一心、共谋发展的见证"。

值得一提的是，沙咀实业股份有限公司在2018年完成了族谱编制工作，这不仅是对祖先文化的传承和尊重，也增强了村民们的凝聚力和归属感。在1992年成立为股份公司之前，村里有一半的人去了香港和国外，另一半留在村里。这个祠堂将成为连接过去与未来的桥梁，让村民们无论身在何处都能感受到家乡的温暖和牵挂。"我们将精心策划一场璀璨夺目的盛宴，以此纪念这个意义非凡的时刻。祠堂不仅承载着我们宗族的精神寄托，是我们宗族灵魂的栖息地，更是那条跨越万水千山，将散落四海的族人紧紧相连的纽带。重建这座祠堂，同一盏明灯，照亮了我们这一代人回归乡土、重温故情的道路，将使我们这一代人重新点燃对故乡的深情厚谊。或许在海外或香港长大的孩子们对村庄的概念并不清晰，但有了这座庄严而神圣的祠堂的存在，他们会感受到一种血脉相连的情感，他们将能够寻找到自己的文化根源，无论身处何方，都能铭记这里是他们心灵的归宿。这里永远是他们的精神家园，是他们的根之所在"。

沙咀实业股份有限公司如同一颗璀璨的明星，熠熠生辉。它不仅是股民们心中的希望之光，更是为贫困地区源源不断输送养分的生命之树。沙嘴村，这个曾经默默无闻的小村庄，如今已经蜕变为一个充满活力和潜力的现代化社区，凭借其优越的地理位置和强大的发展动力，正吸引着人才、资金、技术的汇聚与碰撞，同时，外来文化与本地文化的深度融合也为沙嘴村的高速发展注入了新的活力和灵魂。

历史的车轮滚滚向前，深圳在发展中蜕变，涅槃重生，展翅高飞。这座城市以其独特的魅力和活力，吸引了数以千万计的年轻人前来追梦。他们在这里挥洒汗水，书写着属于自己的辉煌篇章。

后记
POSTSCRIPT

南邻深圳湾，北挨沙尾村，与香港元朗、米埔隔海相望的深圳市福田区沙嘴村，虽然占地面积仅仅0.23平方公里，但它早在1984年就率先成立了沙嘴企业公司，是深圳改革开放大潮中一颗闪闪的"明星"。

大家都说，中国的改革开放不仅仅是改变了中国的命运，更是改变了世界的格局。那么，被誉为中国改革开放"窗口"的深圳，理应自豪地表态"风景这边最好"！而前文提到的，那个占地虽小，但备受众人瞩目的明星村——沙嘴，它究竟是怎样一路放歌，一路在春风中生长的？

面前这本《村城记·沙嘴故事》也许能为大家揭晓秘密。

《村城记》是福田区文联策划、福田区作协承办的一个深受群众好评的品牌项目。多年来，"村城记"以多元的视角为福田多个村落"描容画像"，记录了当代人努力追梦的足迹。这次，依照工作安排"村城记采访组"的作家们走进了拥有六百多年建村历史的沙嘴，在这里，聆听历史的回响，探寻岭南小村的人文风俗，深入了解沙嘴村的起源、繁衍与发展，让更多人"看见"它一路蝶变的精彩。

中国人喜欢讲究来龙去脉，来龙说的是从哪里来，去脉说的是到哪里去。

国有国史，族有族谱，有文化传承的家族，从姓氏渊源到氏族中每一个人的生与死，都会记载得清清楚楚。族谱是家族的历史，翔实的族谱为后来人书写村史提供了丰富的细节。因为这次采访，作家们翻开了欧氏族谱，了解了沙嘴村的"前史"，也通过实地采访了解到了沙嘴村的"今生"及他们面向未来的雄心！

《村城记·沙嘴故事》采访组的作家分组别，多次走进沙嘴文化广场、社区工作站、社区观影大厅、社区图书馆、长者综合服务中心、多功能室、灯塔自习室等活动场所，也走进寻常百姓家。沙嘴社区党群服务中心的工作人员吸引了作家们的目光，社区图书馆里翻阅图书的居民吸引了作家们的目光，穿梭的"红马甲"吸引了作家们的目光……

在沙咀实业股份有限公司欧董事长的安排和指引下，沙咀实业股份有限公司原董事长欧礼锦、沙嘴（香港）欧氏宗亲会创会会长欧炳祥等几位老同志接力给采访组的作家们讲述了改革开放前后的沙嘴故事以及欧氏宗亲会寻根修谱的历程。在老人们的群体记忆里，温饱尚未解决的五六十年代，沙嘴的先辈曾有外出打黑工的经历，能靠劳动在自己的土地上致富是他们内心最大的渴求。这个在今天看来并不高的目标，在当年却那么难以实现。这是历史的局限性，更是未来的转折点，社会发展的必然动力。80年代初，深圳迎来了改革开放的春风，春风送来了一个翻天覆地的崭新时代……近45年的奋斗，如今，文化自觉、文化自信成为沙嘴人内心最强力的支撑，他们也在这份支撑里找到了自己的位置，体验了做时代主人翁的幸福。

在这里，采访组的作家们与不同代际、不同身份的人交流，感悟他们融入沙嘴，融入沙嘴的"蝶变"之旅，感悟他们与原地居民们和谐共建，美美与共的喜悦……

在这里，来深建设者对深圳原著村民的印象不再是定格在"收租""躺赢""土豪"的传说中，因为他们在村民们身上看到了撸起袖子加油干的豪气！包括本地婆婆妈妈的主妇们，在操心柴米油盐酱醋茶的同时，个个都心怀梦想，一面精心培育祖国的下一代，一面充实自己。比如，有的人早已家财万贯，仍会选择在一个不出名的公司里做一份普通的工作，领几千元的薪水，"劳动"永远都是美丽的！

在这里，来来往往的来深建设者们，因沙嘴的开放、包容而选择留下来，在这里放牧梦想，寻找属于自己的事业和生活。

"一年开局起步、三年初见成效、五年显著变化、十年根本改变"的规划蓝图早已不再是停在沙嘴村纸面上的规划。

"聚焦民生重点，缓解民生痛点，为群众办实事，全力打造社区幸福工程"的目标，早已在沙嘴人行动中得到验证。

"老有所养，老有所依，老有所乐，老有所安"，"幼有善育，学有优教"让作家们看到，这里居住的老人和孩子们早已把"老幼共托"的梦想变成了现实。

看着采访对象们纯真的笑脸，听他们讲述过去的艰难以及改革开放后的幸福生活，作家们被深深地感动了，为他们在富裕之后表现出对过往生活际遇的豁达和对未来永远保持奋进的劲头而感动，为他们对待生活始终如一的真诚与热爱而感动。沙嘴村的数月采访，让作家们知道，有这么多乐于奋斗的沙嘴人在前面做表率，沙嘴的后代们不会"躺平"。

徐徐回望，新安围的灯火影影绰绰，那副"门对牛潭草木苍苍皆秀色，户环鱼沼波涛涌涌是祥光"的对联还清晰可辨。再回首，欧氏前辈族人行程万里，走过一个又一个村庄，将那跋涉求存的艰辛之苦留在了昨日。眼前矗立的高楼，明亮的牌坊挂着"沙聚金山红林醉年年乐业，嘴吟心曲绿水欢代代安居"的新对联，它们在默默述说着：沙嘴，奋斗的沙嘴，已经走过了六百多个年头。

记忆是血脉里挥之不去的乡愁，涌动在沙嘴起伏的潮汐中，流传在这块美丽富饶的迁徙地上，记录在《欧氏族谱》里，凝聚在沙嘴宗亲会"寻根"的路上。洪圣宫内升起的袅袅香烟，将一个个远行的游子维系在了一起，改革开放的春风，让沙嘴人用全新的视角感知生活，感知世界，并把这份涌动在心头的故事讲出来，传出去……《村城记·沙嘴故事》从2024年4月启动采访，2024年10月定稿，这是一次对历史文化的梳理和为追梦理想加油的过程，也是以多元视角构建村城时代画卷，认识城市独特价值，坚定文化自信的过程。

聆听故事，感念先祖，奋斗的精神被唤醒，追梦的脚步不停歇！

感谢文联领导的策划和牵桥搭线；感谢作家们的真情书写！

感谢沙嘴村欧氏家族所有热情相助、答疑解惑的村民！

感谢所有为《村城记·沙嘴故事》努力付出的人！